Dr. Hermann Burgard

NIBIRU *gesucht – Raumstation HIMMEL gefunden*

Uralte Keilschrifttafeln offenbaren verwirrende Erkenntnisse über die Entstehung unserer Zivilisation

Dr. Hermann Burgard

NIBIRU gesucht – Raumstation *HIMMEL* gefunden

Uralte Keilschrifttafeln offenbaren verwirrende Erkenntnisse über die Entstehung unserer Zivilisation

„NIBIRU *gesucht – Raumstation* HIMMEL *gefunden*“
1. Auflage Oktober 2016

Ancient Mail Verlag Werner Betz
Europaring 57, D-64521 Groß-Gerau
Tel.: 00 49 (0) 61 52/5 43 75, Fax: 00 49 (0) 61 52/94 91 82
www.ancientmail.de
Email: ancientmail@t-online.de

Umschlaggrafik: Hartmut Großer
Umschlaggestaltung: Sandra Schmidt
Druck: Digital Print Group O. Schimek GmbH

ISBN 978-3-95652-179-9

Inhalt

TAFELN

Wegleitung

Gemäß den eigenen Worten im Vorwort eines Bestsellers war dessen Autor bereit, „seinen Kopf dafür hinzuhalten", dass es einen heute unbekannten zusätzlichen Planeten in unserem Sonnensystem gibt, der eine Umlaufzeit von 3.600 Jahren habe. Von diesem Planeten unseres Sonnensystems sind seiner Ansicht nach in grauer Vorzeit Astronauten auf die Erde herabgestiegen. Der Bestsellerautor behauptet, er beweise dies „auf wissenschaftlicher Grundlage schlüssig".

Schauen wir mal nach diesen „wissenschaftlichen Grundlagen" und stellen diese Behauptungen in einen weiter gefassten Zusammenhang. Da kommen dann doch einige Fragen auf.

Wo kamen die „Götter" der Babylonier und Assyrer her? Was verbirgt sich tatsächlich hinter NIBIRU? Gab es je einen „Zwölften Planeten"? Wie ist das mit den 3.600 Jahren angeblicher Umlaufzeit? Wo zog der behauptete „Stern der Götter" seine Bahn? Wie war das mit dem „Himmel" der Abraham-Nachfolger? HÖLLE? War Jahwe Mitglied eines Clans? War Vieles anders als wir annehmen?

Ein bisschen Licht könnte unter anderen uralten Texten, die wir betrachten werden, auch eine Art Bibelvorläufer bringen.

Ja, so etwas gibt es - weithin unbekannt. Dort wird über einen konkreten Himmel berichtet und über furchterregende Höllenereignisse. Ein „Herr im Himmel" schickt wertvolle „Gaben" zur Erde und erwählt ein „auserlesenes Volk". Die wahre Rolle von Adam scheint durch und Noah wird nicht vergessen, denn, oh Graus, eine zerstörende Flut fegt Menschen und Tempel hinweg.

Sehen wir uns zuerst diesen uralten Text, die „Tempelhymnen" der Priesterfürstin Encheduanna, doch mal in einer Zusammenfassung an ... bevor wir andere alte Quellen - wie z.B. das *Enuma Elisch und das MUL.APIN* plus mehr als zwei Dutzend andere sumerische, babylonische und assyrische Keilschrifttexte - dort neu übersetzen und kommentieren, wo so etwas wie ein NIBIRU, ein so genannter „Zwölfter Planet“ oder ein „Himmel“ auftaucht.

Wir finden auf der Basis korrigierter Übersetzungen überaus Erstaunliches, das von Sitchins Behauptungen völlig abweicht. Auch erscheint eine um die Erde umlaufende Raumstation „Himmel“ klar aus dem Grau der Vorzeit. Und dann folgt noch ein kurzer Blick in die Religionsgeschichte …

Aber lesen Sie doch selbst …

Die „Tempelhymnen“ der Encheduanna

Vor mehr als 4.300 Jahren hat jemand unter Nennung des Verfassernamens *Encheduanna* Erstaunliches über Ereignisse berichtet, die zu seiner Zeit bereits lange Vergangenheit waren. Diese Berichte, die unser Geschichtsverständnis revolutionieren sollten, sind auf Keilschrifttafeln aus Ton überliefert und in Sumerisch gehalten. Das ist die Sprache, die damals im südlichen Teil des heutigen Irak gesprochen wurde und von der niemand so genau weiß, wo sie herkommt. Folgende Fragen stellen sich:

- Sumerisch?
- König oder Priesterfürstin: Wer hat die Berichte verfasst?
- Was wissen wir über die Quelle?
- Verschleierte sensationelle Mittteilungen?
- Welche Kernaussagen lassen sich festhalten?
- War das alles fantasievolle Folklore?

Sumerisch

Um 1802 drang der Göttinger Gymnasiallehrer Georg Friedrich Grotefend in die Geheimnisse der altpersischen Keilschrift ein. Gelehrte namens Rask, Burnouf und Lassen übernahmen die Forschungs-Stafette. 1835 seilte sich dann der englische Offizier, Diplomat und Archäologe Henry Creswicke Rawlinson bei Behistun in Persien an einer Felswand ab und kopierte eine riesige Felsinschrift. Sie war offensichtlich dreisprachig verfasst. Als erstes konnte von Rawlinson der Lautwert der altpersischen Keilschriftzeichen ermittelt werden – wie weit er dabei von den erwähnten Vorarbeiten profitierte, bleibt offen.

Er und andere knackten dann nacheinander auch die beiden anderen Sprachfassungen der Felsinschrift. Es handelte sich um Elamitisch, die persische Vorläufer-Sprache, und um Babylonisch, das im gleichen Großraum noch vorher hauptsächlich zu einer Zeit geschrieben worden war, als dort die babylonischen Könige herrschten. Und von Babylonisch her erarbeitete man sich das immer wieder auf Tontafeln gefundene etwas jüngere Assyrisch.

Doch, wer hätte das gedacht, damit hörte das Puzzlespiel nicht auf. Auf noch älteren Tontafeln waren andere Ausdrücke zu Texten zusammen gefügt, die teils ähnlich klangen, teils aber auch entschieden anders! Die ähnlichen Klänge wurden als ein weiterer, noch älterer Sprach-Vorläufer erkannt, der in diesem Großraum vorher benutzt worden war. Dort hatte nämlich etwa ab Mitte des vierundzwanzigsten Jahrhunderts vor unserer westlichen Zeitrechnung ein König Sargon der Große den ersten uns bekannten Vielvölker-Großflächenstaat mit Eroberungszügen zusammen gefügt. Dieser umfasste dann für etwa zweihundert Jahre zeitweilig die heutigen Gebiete von Irak, Iran, der Golfstaaten, des Libanon, Syriens und der südlichen Türkei bis weit nach Anatolien. Akkad, höchstwahrscheinlich bisher unentdeckt unter dem heutigen Bagdad begraben, war die strahlende Hauptstadt dieses Großreiches. Die Vorläufersprache des Babylonischen nennt man nach dieser verschollenen Hauptstadt Akkadisch.

Die zweitgenannten sehr alten Texte mit entschieden anders klingenden Ausdrücken führten zu einer bitteren wissenschaftlichen Kontroverse. Einige Forscher sahen darin wiederum einen noch älteren Vorläufer der Sprachfamilie des Assyrisch/Babylonisch/Akkadischen. Andere optierten vehement für eine völlig andere Sprachfamilie. Man fand dann glücklicherweise mehrere Keilschrifttafeln, auf denen gewissermaßen Vokabellisten in Akkadisch oder Babylonisch und – in der Gegenspalte – diesen anderen umstrittenen Ausdrücken standen. Um 1900 schälte sich schließlich immer klarer heraus, es musste sich um die Ausdrucksweise der Sumerer handeln, eines stolzen Volkes, das der ungestüme Sargon im Herzen des Euphrat-Tigris-Gebietes unterworfen hatte.

Sumerisch ist demnach eine tote alte Sprache ohne direkten Zugang. Alle, die sie einst als Muttersprache gesprochen haben, sind seit beinahe vier Jahrtausenden nicht mehr von dieser Welt. Was wir haben, sind Überlieferungen von Texten, die auf Tontafeln und Steinen in Keilschrift niedergeschrieben worden sind. Vor ihrer Fixierung in einer für uns lange unlesbaren Schrift sind sie ihrerseits bereits meist durch die Irrungen und Wirrungen einer mündlichen Überlieferung gegangen. Seilschaften von Forschern versuchten, sich gegenseitig absichernd, durch einen Dschungel aus assyrischen, babylonischen und akkadischen Texten den Weg immer weiter zurück in das Denken der Sumerer zu finden.

Es gibt für diesen Weg keinen sicheren Kompass, da jeder Schritt zurück in die Vergangenheit mit den bis dahin gefundenen Ergebnissen nicht im Einklang zu stehen braucht. Die Sicht wird dabei durch akademische Denkschulen und Konventionen behindert. Das schwächste Glied in den jeweiligen Seilschaften bestimmt - auch mit seinen Fehlurteilen - das Ergebnis.

Wären nicht die zweisprachigen Vokabellisten aufgetaucht, hätten wir zu dieser toten Sprache wohl kaum Zugang gefunden. Sie kann keiner Sprachfamilie zugeordnet werden … genau so wenig wie man weiß, wo die Sumerer überhaupt hergekommen sind …

Über die geringen Vokabelkenntnisse hinaus versuchte man, Ausdruck um Ausdruck dieses tote Sumerisch über Textvergleiche und die Interpretation von Zusammenhängen zu erarbeiten. Man ist weit gekommen, doch nicht weit genug. Lücken bleiben, Widersprüche, vor allem die dieser alten Sprache eigene Bedeutungsvielfalt. Erschwert wird die Erkenntnis durch die Veränderungen, die diese Sprache im Laufe der vielen Jahrhunderte durchgemacht hat, für die uns Textzeugnisse vorliegen. Auch die stetige Umgestaltung der Keilschriftzeichen spielt manchen Schabernack. Von einer Grammatik kann man anfangs kaum etwas finden. Und: sind die gefundenen Zeichen als Wortzeichen zu deuten oder als Silbenzeichen? Einfach ist die Angelegenheit bestimmt nicht, weil - wie noch eingehend zu erläutern - ein Problem mit so genannten Homophonen hinzu kommt, gleichklingenden Wörtern unterschiedlicher Bedeutung!!!

So darf es denn nicht verwundern, wenn der eine Sumerologe dies übersetzt und der andere das. Verschlimmert wird die Situation dadurch, dass alle auf dem aufbauen, was Vorgänger mal erarbeitet haben. Das kann richtig gewesen sein, aber auch zumindest interpretierbar oder gar total falsch. Die so genannten wissenschaftlichen Konventionen bergen daher große Gefahren in sich, weshalb wir hier später immer wieder durch Hervorhebung als **Konventionen** die Fragwürdigkeit betonen. Dies gilt insbesondere deswegen, weil viele Forscher davon ausgehen, die Babylonier hätten die ihnen überlieferten sumerischen Erzählungen, Behauptungen und Berichte weder wissentlich noch unwissentlich verfälscht.

Doch Beides trifft ganz gewiss nicht zu!

König oder Priesterfürstin: Wer hat die Berichte verfasst?

Aus der Zeit, während der die Texte geschrieben worden sind, kennen wir in Sumerisch mit Verfassernennung nur Inschriften von Königen, meist auf Steintafeln, weshalb man ursprünglich als Autor einen König Encheduanna annahm. Nach und nach kristallisierte sich jedoch heraus, dass es sich um die erstgeborene Tochter Sargons des Großen handelte, des Gründers des Reiches von Akkad. Die Autorin war mehr als 50 Jahre lang doppelte Hohe Priesterin der Reichstempel in Ur und Uruk und als Herrschertochter die Priesterfürstin des Reiches. In Ur fungierte sie nach eigener Aussage als „Erdengattin des *Nanna*", in Uruk als oberste Dienerin einer Persönlichkeit, die uns von der orthodoxen Wissenschaft **per Konvention** als *In.an.na* präsentiert wird. Die Sumerologie bezeichnet die beiden Persönlichkeiten, denen sie gedient haben will, in Übereinstimmung mit **späteren (!)** babylonischen Quellen **per Konvention** als „Götter"

- eigene Aussagen der Priesterfürstin, die sich auf die weit zurück liegende Frühzeit beziehen, widerlegen dies indes als groben Unsinn.

Die doppelte Hohepriesterin Encheduanna war Trägerin des konischen Kopfschmuckes des obersten Ranges der Sternweisen sowie gleichzeitig Priesterfürstin der höchsten Einweihungsstufe. Sie war somit die bestinformierte Person des Reiches, wenn es um die Vorgeschichte des Tempeldienstes ging - der sumerisch-akkadischen Staatsreligion. Als erster namentlich bekannter Autor der Weltgeschichte, dem eindeutig mehrere größere Dichtungen und eine Reihe kleiner Texte zugeordnet werden können, schrieb sie mit einer Wortgewalt, die ihr von Sumerologenseite das Lob als „sumerischer Shakespeare" einbrachte.

Vater Sargon dem Großen und zwei Brüdern hielt sie nacheinander während deren Herrschaft über das Reich von Akkad religionspolitisch den Rücken frei. In der anschließend gegen ihren Neffen als nächstem Herrscher von Akkad gerichteten „Großen Revolution" gelingt es ihr, wie sie in ihrer Großdichtung *nin me schar*$_2$*-ra* beschreibt, zu dessen Gunsten Beistand „von oben" zu verschaffen. Diesen ordnet sie - mit einem Keilschrift-Wortzeichen geschrieben - einer *MUSH*$_3$ zu, **konventionell** als *In.an.na* gelesen und normalerweise als „Königin des Himmels/Herrin am Firmament" übersetzt - tatsächlich bedeutet dies jedoch wörtlich *„Die mit dem Feuer-Vogel"*. Aus anderen historischen Quellen ist zu entnehmen, dass die Revolutionswirren tatsächlich zugunsten des Neffen beendet wurden.

Was wissen wir über die Quelle?

Die Stadt Nippur lag mitten im heutigen Irak etwa 180 km südöstlich von Bagdad. Ihre archäologisch nachprüfbare Geschichte reicht zurück bis weit in das 5. vorchristliche Jahrtausend. Dort entdeckte man in der zweiten Hälfte des 19. Jahrhunderts die auf Tontafeln geschriebene Keilschriftbibliothek des assyrischen Königs Assurbanipal und verbrachte sie in die USA in das University of Pennsylvania Museum von Philadelphia. Eine der Tafeln trägt die Registriernummer CBS 19767. Die Keilschriftzeichen waren von einem französischen Wissenschaftler, dem Orientalisten Hugo Radau, kopiert worden, der selbst nicht damit arbeitete, aber seine Kopie dem deutschen Sumerologen Heinrich Zimmern vorübergehend übergab. Der machte nach eigenen Angaben eine mehr oder weniger genaue Abschrift - und lies diese lange ruhen. Gegen Ende der zwanziger Jahre des vorigen Jahrhunderts brachte ihn dann der - wie er schreibt - „eigenartige Inhalt“ dazu, den Text erstmalig sich genauer anzusehen und zu bearbeiten. Wegen der teilweise schlechten Lesbarkeit der Tontafel und der zudem teilweise unzureichenden Abschrift war ihm dies nur unvollständig möglich. Immerhin kamen dann doch rund dreißig Druckseiten zusammen, als er 1930 einen wissenschaftlichen Artikel veröffentlichte, der den Titel trägt „Ein Zyklus altsumerischer Lieder auf die Haupttempel Babyloniens“ [1].

Bevor H. Zimmern den gefundenen Text auszugsweise zu übersetzen versuchte, widmete er sich den Schlusszeilen der Tontafel mit der Verfasserangabe. Er dechiffrierte Encheduanna und hielt diesen Autor damals noch fälschlicherweise für einen König.

Nach Heinrich Zimmern versuchten sich einzelne Autoren an einzelnen Hymnen der Sammlung, als immer neue Fundstücke auftauchten. Diese Versuche brachten neue Erkenntnisse zum Inhalt, gaben nichtsdestoweniger an entscheidenden Stellen entweder die Bemühungen auf oder flüchteten sich zu naturmalenden Übertragungen, die zwar gut klangen, aber in sich nicht kohärent waren. Parallel dazu wurden im Laufe der Zeit immer mehr Tontafeln gefunden, auf denen in anderem Zusammenhang von einer Hohen Priesterin Encheduanna die Rede war.

Ein umfassender Übertragungsversuch für die Texte wurde dann 1969 von Sjöberg und Bergmann veröffentlicht [2]: Eine Umschreibung der Keilschriftzeichen für alle Hymnen in lateinische Buchstaben mit umfangreicher Auflistung von für die Interpretation wichtigen Textvarianten und einer vordergründig glatten Übertragung ins Englische unter Rückgriff auf sakral/rituale Deutungen. Ein umfangreicher Kommentar versuchte, diese Deutungen zu stützen. Immer noch blieben indessen viele vom Sinn her nicht kohärente Passagen und auch bei rund 500 Zeilen Text mehr als 200 weiße Leer-Stellen des Versagens - schlimmer noch: Verben und Halbsätze wurden hinzuerfunden oder im Gegenteil einfach unterdrückt, wenn der uralte Text sich nicht knacken lies oder nicht in den vermuteten sakralen Zusammenhang passte. Immerhin wurden die Schlusszeilen richtig erfasst und als Verfasserin die Königstochter und Hohe Priesterin Encheduanna erkannt.

Im Internet ist seit einigen Jahren eine weitere umfassende Übersetzung ins Englische von Krecher und Jagersma zu finden [3]. Bei der Umschreibung der Keilschrift in lateinische Buchstaben werden von diesen Autoren im Vergleich zu Sjöberg und Bergmann minimale Änderungen vorgenommen. Die Übersetzung bemüht sich krankhaft um einen sakral/ritualen Sinn, ist trotz der über zweihundert total verschwiegenen Fehlstellen praktisch ohne Lücken und liest sich schön und aalglatt - sehr zu Lasten des sumerischen Originals, weil zudem oft Passagen vergewaltigt, mit viel Phantasie hinzuerfunden oder als „unpassend" weggelassen werden.

Inzwischen erschien in den USA auf Englisch eine weitere größere Untersuchung von Betty De Shong Meador [4]. Die jahrelange Arbeit war von 6 Stiftungen gesponsert worden und wurde angeblich von vielen helfenden Köpfen mit Sumerischkenntnissen unterstützt. Die Verfasserin betont zwar, keine Neuübertragung angestrebt zu haben, erfindet indessen frei von der Leber weg an vielen Stellen vom Original abweichende blumige Geschichten. Die auf Englisch wohlklingende Arbeit zeichnet sich aus durch einen vom sumerischen Original weitgehend losgelösten bewusst poetischen

Text ohne Hinweise auf Probleme bei der Lesung sumerischer Zeichen oder auf Hindernisse bei der Übertragung in eine moderne Sprache. Das Buch ist leicht zu lesen und liefert viele zusätzliche und interessante Details zu den Tempeln und den behaupteten „Göttern" und deren geschichtlicher Entwicklung. Zu diesem Zweck ist es überreichlich ausgestattet mit Literaturzitaten und zugehörigen Quellenangaben. Leider bleibt es ganz allgemein der sakral-ritualen Annäherung der ursprünglichen Standardübersetzung von Sjöberg und Bergmann [2] verbunden und geht daher am Sinn der uralten Berichte total vorbei. Denn die gelernte Psychoanalytikerin erfindet zudem – insbesondere aus feministischer, soziologischer und Unterwelt-Sicht – Zusammenhänge, die einer Hinterfragung keineswegs standhalten. Auch wäre etwas weniger Gefühlsduselei nicht von Schaden gewesen.

Tafel 1: Keilschrift-Original von Teilen der „Tempelhymnen", Rückseite der Tafel Nr. 7169 aus der „Yale Babylonian Collection".

Verschleierte sensationelle Mitteilungen?

Eine Neuübersetzung der von der Eingeweihten und Königstochter hinterlassenen rund 500 Zeilen wurde von uns angegangen, nachdem erkannt worden war, dass die Schreiberin auf weite Strecken eine Art Code verwendet hat, um den wahren Inhalt der Texte zu verschleiern. Was als auf Sumerisch **geschriebener** Text vordergründig und mit viel Phantasie und Lücken irgendwie als geheiligte „Tempelhymnen“ gelesen werden kann, gibt - angesichts der erwähnten, Homophone genannten gleichklingenden sumerischen Wörter - als **gesprochener/gehörter** Text für weit zurückliegende Zeiten sachliche Berichte über Orte, Gebäude und deren Nutzer frei, die erstaunliche technologische und religionsgeschichtliche Einblicke gewähren.

Mit diesen Berichten erläutert die Hohe Priesterin den Ursprung des Tempelwesens - ihr, wie sie selbst schreibt, „ergebenes Dienen“ wird von ihr demnach nicht, wie behauptet, als Glaube hingenommen, sondern mit überlieferten Fakten begründet.

Die in den Tempelberichten von der Autorin mehrfach ausdrücklich vorgestellten ursprünglichen Tempelnutzer werden bisher von Forschern in der so genannten Umschrift, das heißt, bei der Übertragung der Keilschriftzeichen in abc-Buchstaben, per **Konvention** als *Dingir* bezeichnet. Diese Übereinkunft gibt indessen den Lautwert des sumerischen Ausdrucks nicht richtig wieder. In der Mitte des modernen Wortes müsste ein Gaumenlaut gekennzeichnet werden, was mit normalen lateinischen Buchstaben nicht möglich ist. Über die Probleme, die wegen dieser **Konvention** bei der Deutung des Begriffes auftreten, geht die Sumerologie mit einer anderen **Konvention** hinweg. Mehrheitlich hat man sich einfach auf eine Übersetzung „Gott/Göttin/Götter“ geeinigt.

Doch auch diese **Konvention** lässt sich nicht halten, wie Aufzeichnungen der im Euphrat-Tigris-Raum rund fünf Jahrhunderte nach der Priesterfürstin lebenden Babylonier beweisen. Prof. Deimel

[5] hat auf Grund babylonischer Unterlagen schon 1925 für den umstrittenen Keilschriftbegriff die zugehörigen Zeichennamen zusammengestellt. Und dort findet man dann u. a. – wegen der Wortzeichen bei der Umschrift per **Konvention** mit lateinischen Großbuchstaben zu schreiben – DI.IN.GIR.

Das aber heißt auf Deutsch: „Die Entscheider/Gebieter, die sich in/mit Durchschneidern (= Schwert, Krummdolch)/Aufleuchtenden/Skorpionen bewegen". Die letztgenannten Skorpione bezeichnen aber nicht nur im Sprachgebrauch der Encheduanna Flugapparate, die sich *aufleuchtend* durch die Luft bewegen und diese wie ein Schwert *durchschneiden*. Wir können daher verkürzt die erwähnten Wesen als „Entscheider/Gebieter mit Flugapparaten" begreifen.

Die von uns vorgelegte Übertragung ist von den Wortbedeutungen her erlaubt. Während die bisherigen Versuche bei rund 500 zu bearbeitenden Zeilen über 200 Wortlücken oder fehlende Satzteile aufweisen, ist sie vollständig. Die Zeilen wahren unter sich den Kontext. Das Gesamtergebnis ist in sich kohärent. Die Kunstlehre Sumerologie hat in den letzten fünfzig Jahren viel dazu gelernt.

Vielleicht mögen einige wenige der gefundenen Sachaussagen nicht oder nicht genau so von Encheduanna stammen, weil sich beim jahrhundertelangen Kopieren der Texte zwischen 2.300 und 1.800 v.u.Z. Änderungen eingeschlichen haben oder bewusst eingefügt worden sind. Auch kann trotz größter Sorgfalt angesichts der Entwicklung und der Eigenheiten der sumerischen Sprache, wegen von uns nicht zu verantwortenden Fehlern bei der Transkription und individueller Interpretationen anderer Forscher nicht ausgeschlossen werden, dass hier und da eine andere Übersetzung die von der Hohen Priesterin gewollte Übermittlung an die Nachwelt noch richtiger erfassen würde.

Insbesondere eine Eigenheit der sumerischen Sprache führt fast in jeder Zeile zu einem Interpretationsproblem, das oft, aber nicht immer gelöst werden kann, wenn man auf den Kontext blickt. Diese

Sprache kennt weder bestimmte noch unbestimmte Artikel bei Wörtern, die als Substantive zu verstehen sind. Ein Beispiel: *MUN/mun* meint in einer Bedeutung *Skorpion.* In einem sumerischen Text kann dies je nach Zusammenhang - unabhängig davon, ob damit wie meist *„fliegender Stinker"* = Fluggerät angesagt werden soll - als ***ein*** *Skorpion,* ***der*** *Skorpion,* ***die*** *Skorpione* oder einfach als *Skorpione* interpretiert werden. Wenn der Kontext für die Wahl keine Klarheit schafft, müssten daher vom wissenschaftlichen Standpunkt her in einem übersetzten deutschen Text die entsprechenden Varianten aufgezeigt werden. Das wäre für den Leser reichlich unverdaulich gewesen, weshalb darauf nur an einigen Stellen hingewiesen worden ist.

Sicherlich könnte auch trotz größter Sorgfalt - niemand ist unfehlbar - hier und da eine andere Übersetzung als die unsere die von der Hohen Priesterin gewollte Übermittlung an die Nachwelt noch richtiger erfassen. Doch kann es (siehe die abschließenden Bemerkungen zum Wahrheitsgehalt der Tempelberichte) keinen Zweifel am **Kern** der Aussagen geben. Encheduanna selbst berichtet nämlich, wie für den erwähnten anderen Großtext bereits oben festgehalten, von Eingriffen einer modern per **Konvention** *In.an.na* Genannten vom Firmament her in den Geschichtsablauf ihrer eigenen Zeit. Daher lassen sich unserer Auffassung nach einige **Kernaussagen als Geschichtsquelle für eine Zeit weit vor Encheduanna** formulieren, wobei wir möglichst nahe an der Diktion der Berichterstatterin bleiben und dies hier bei wörtlichem Zitat zumindest teilweise durch Anführungszeichen herausstellen. In den in Buchform auf Deutsch vorgelegten Untersuchungen [6] und [7] kann jeder an Hand der dort in *Schrägschrift* wiedergegebenen Originalübersetzung die Übereinstimmung überprüfen. Dort finden sich auch die umfangreichen Erläuterungen für Sumerologen, welche die neue Übertragung jeder einzelnen Zeile der Encheduanna begründen.

Die Kernaussagen klingen wie Science Fiction

- In der vorgeschichtlichen Zeit landeten vor einer „zerstörerischen Flut" im Vorderen Orient intelligente menschenähnliche Wesen. Sie wurden zur Zeit der Niederschrift der „Tempelberichte", kurz vor 2.300 v.u.Z., und in den folgenden Jahrhunderten von den Sumerern als *DI.IN.GIR/dingir* = „Entscheider, die sich mit/in Fluggeräten bewegen" oder *DI.BUR/di.bur* = „Die Entscheider mit den Urteils-Schalen" bezeichnet.
- Zu ihnen gehörte im Weltall ein nicht zur Landung auf der Erde bestimmtes „Gerät", über dessen Ursprung nichts bekundet wird. Mit dieser Raumstation wickelten sie mit einem kleineren „Gerät" absteigenden und zurücksteigenden Verkehr ab. Das „Gerät" im All hatte bei den Sumerern die nicht von uns erfundene Bezeichnung „Himmel", das Verbindungs-„Schiff" nannten diese insbesondere das „Licht" oder den „Neben-das-Gerät-Gehenden". Es hatte gemäß Encheduanna noch viele andere Bezeichnungen. Dazu gehörten: Schale der Unsterblichen, Welten-Vogel, Feuer-Vogel, Himmels-Kessel, *IM.DU.GUD*, *Dingir*-Pfeil, *BAD_3 (=bewohnter künstlicher Wegschwebender)*, großer Glänzer, großer Leuchtender, Lärmend-Leuchtender, Oben-mit-Gas-Lärmender u.s.w.
- Encheduanna berichtet, dieses „Licht" habe beim Aufstieg sogar „zur Mittagszeit durch sein Leuchten mit der Sonne rivalisiert". Das Andocken am „Himmel" erfolgte in einer Landebucht, die sich „wie eine Falle schloss" sobald das „Drehen" des Verbindungsschiffes aufgehört hatte.
- Zwischen Erde und „Gerät=Himmel" wurde mit ihm ein „Pfad"= Standardroute durch „die ewige Nacht" befahren. Vor Reiseantritt bzw. unmittelbar nach der Ankunft wurden wie bei der NASA „Reinigungen" vorgenommen, um keine „Unreinheiten" hin oder her zu befördern. Die „Entscheider aus den Fluggeräten" erzeugten für sich „reines Wasser" und „reine Nahrung".

- Die Landetruppe schuf ein Netz von Erdbasen, deren Gebäude später normalerweise „Tempel" genannt wurden. Sie erhielt dabei „in der Frühzeit" tatkräftige Hilfe vom „Himmel".
- Ihre Bauwerke werden teils als stufenförmig aufsteigend, teils als mit rundem Querschnitt beschrieben. Manche hatten oben eine Plattform, andere auf der Plattform kleinere Gebäude, wieder andere schlossen als runde Stufenpyramide (!) mit einer Metallkuppel ab.
- Sie benutzten zum Bauen behauene Steine, polierte Steine, gebrannte Kunststeine und luftgetrocknete Lehmziegel. An den Bauten und bei der Konstruktion von Flugapparaten verwendeten sie Silber, Kupfer und „Glanzmetall", das teils als „Blaumetall" näher erläutert wird. Der nicht genau bestimmbare Begriff *SU.GAN* könnte verschiedene Legierungen abdecken. Auch der „Himmel" war aus „Glanzmetall".
- Die „Entscheider" sahen das „All" als „unwirtlich" an, als für das Großwerden ihrer Kinder „nicht geeignet", und errichteten deshalb zeitweilig eine Art zentrale Kinderstube im Zweistromgebiet in Nippur. Die männlichen *Dingir* konnten Haupt- und Nebenfrauen haben, die weiblichen wechselnde freie oder angetraute Partner. Ihr Erbfolgerecht gab Kindern von Halbgeschwistern den Vorzug. Die Tempelberichte lassen bezüglich der Familienbeziehungen des obersten Clan-Zirkels, der lange Zeit unter der Leitung von *AN* stand, jedoch eine ganze Reihe von Fragen offen. Auch bleibt unklar, ob die auf der Erde errichteten „Gebärhäuser" für den Clan reserviert waren oder vielmehr und vor allem der genetischen Veränderung der Menschen dienten. Immerhin wird erwähnt, das „Leben" sei vom „Himmel" herab gebracht worden.
- Flugverkehr wurde nicht nur durch das „Licht" mit dem „Himmel" abgewickelt, sondern mit mehreren anderen, näher beschriebenen Fluggeräte-Typen auch rege zwischen den Erdbasen betrieben. Erwähnenswert erscheinen insbesondere manchmal als Mehrzahl auftretende rauchende und stinkende kleinere

Fluggeräte, die wegen ihres Gestankes an „Skorpione" erinnerten und deshalb von den Sumerern auch so getauft wurden. Für einige der Erdbasen wird ausdrücklich festgehalten, dass sie dem Bau, dem Unterhalt oder der Reparatur der Fluggeräte dienten.

- Start oder Landung erfolgten teils nach oben aus einem Bau bzw. von oben in ein Gebäude, öfters von den erwähnten „oberen Plattformen" aus, manchmal von Rampen am Fuß der Tempel, manchmal von einem Seitenflügel oder einer Seitenrampe. Für Öffnungen zum Starten nach oben werden Kupferplatten als bewegbare Abdeckung beschrieben. Für Eridu im Süden Sumers, dem von der Berichterstatterin für die Zeit vor einer „zerstörerischen Flut" die Auftakthymne gewidmet wird, ist für die Fluggeräte ein „großes Startgerüst" erwähnt, für andere Stellen eine konkave wallartig hochgezogene Baukonstruktion aus gebrannten Steinen.
- Zwischen den Erdbasen und mit dem „oben schwebenden Gerät" gab es Sprechfunkverbindungen. Wichtige Nachrichtenzentren gab es dafür insbesondere in Eridu, Nippur und Ur.
- Von den „Entscheidern" geschaffene Nachgeordnete, von den Sumerern später *a-nun-na* genannt, berechneten auf der Erde in abgedunkelten Räumen Flugbahnen und Umläufe von Himmelskörpern.
- Eine der Erdbasen diente als Flugleitstelle für den Luftraum unmittelbar über der Erde. Andere Orte waren mit Peilfunk versehen und wurden als „Umkehrstellen" benutzt. Mehrfach wird ein am Firmament errichtetes unsichtbares „Überwachungsnetz" angesprochen.
- Als Treibstoff für den Flugverkehr wird auf der Erde mit einem einfachen Verfahren aus Kalkstein Karbid zur Herstellung von Karbidgas = Azetylen erzeugt und zumindest in bestimmten Fällen im Flugbetrieb mit einem Erdölabkömmling vermischt. Das von der Priesterfürstin mit seinen einzelnen Stufen genau

beschriebene Produktionsverfahren kann physikalisch und chemisch einwandfrei nachvollzogen werden.

- Die Erdbasen erhielten vom „Himmel“ Anleitungen für Wissens- und Machtinstrumente, in Sumer *ME/me* genannt. Vor allem in der ersten Zeit nach der Ankunft wurden *me*-Apparate auch vom „Himmel“ auf die Erde geliefert.
- Als zu diesen *me* gehörend werden von der Berichterstatterin Rechner, Gegensprechanlagen, Wiedergabegeräte, Abtaststrahlen, Kontrollradar, Laserkanonen, Hitzeerzeuger usw. konkret für diesen oder jenen Tempelbereich im Betrieb beschrieben. Auch wird erwähnt, im „Licht“ seien als *me* der Besatzer ein „Blitzewerfer“, eine Luftdruckwaffe und ein „Steinschmelzer“ mitgeführt worden. Ganz allgemein wird festgehalten, dass bestimmte ME nur im „Himmel“ hergestellt werden konnten und deshalb „immer wieder aus seiner Mitte herab gebracht“ worden sind.
- Die *Dingir* waren eindeutig eine Besatzungsmacht. Die Abwehr von äußeren nicht näher definierten „Feinden“ mit Waffen war an der Tagesordnung. Das besetzte Land selbst hatte zu gehorchen und zu dienen. Unbotmäßigkeit wurde nicht geduldet und mit Waffengewalt unterdrückt.
- Überwacht wurde das von der Besatzungstruppe besetzte Gebiet und das „Feindesland“ von den „Entscheidern“ mit Strahlen und Flugkörpern, wobei unklar bleibt, wer die Feinde gewesen sein sollen. Im Zusammenhang mit der Treibstoffproduktion anfallender „zerstörerischer Staub“ wurde über dem „Feindesland“ abgelassen. Das „Licht“ wurde nicht nur auf der „Route“ von und zum „Oben-Gerät/Himmel“ eingesetzt, sondern auch als „Zermalmer der Feindesländer“ benutzt.
- Die oberste Klasse der Sumerer „diente ergeben“ in den Herrschaftsgebäuden der Besatzer als „Priester“. Der sumerische Name ihrer Kleidung deutet „Gefahr“ und „Leiden“ an, was mit Strahlung bzw. Risiken bei Start- und Landevorgängen zu tun haben dürfte.

Tafel 2: Einige Bedeutungen des Keilschriftzeichens AN /an:

Zeichenformen siehe weiter unten. Das ePSD, Quelle [14], bringt für

AN Firmament, Himmel, ober, (Baum-)Krone, Dattelrispe, Gottheit, Gott, Göttin

An keine zusätzlichen Bedeutungen

Ohne weitere Erläuterung erfolgt ein Hinweis auf

digir, dim_3-$me_{(3)}$-er, dim_3-mi-ir, di-me_2-er

Eine Übersetzung dieser Ausdrücke ist mit den Mitteln des Weltgeltung heischenden ePSD nicht möglich. Die unserer Ansicht nach aussagekräftigste Übersicht findet sich indessen unter Zeichen 13 in SUMERISCHES LEXIKON von Professor Deimel [5].

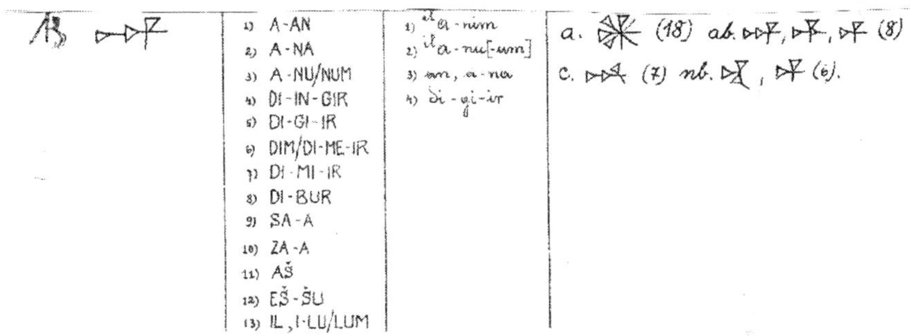

Die erste Spalte zeigt die meist zitierte neu-assyrische Zeichenform, die letzte Spalte unter „a“ die Urform, unter „ab“ altbabylonische Formen, das cassitische Zeichen folgt unter „c“ und die neubabylonischen unter „nb“. Die zweite Spalte bringt die von den Babyloniern überlieferten Zeichenwerte oder Zeichennamen, die dritte von den Babyloniern mitgeteilte Lautwerte.

Wir beschränken uns auf die Bedeutungen, die durch das ePSD nicht geklärt werden, aber für unsere Untersuchungen wichtig sind. Wir ziehen dafür insbesondere die Wörterlisten der Quellen [8], [15], [16] und [17] zu Rate und verweisen darauf, dass Namen/Bezeichnungen im Sumerischen wie im Altägyptischen meist grammatikalisch als Nispe zu begreifen sind.

A-AN = Der oben Seiende
A-NU = Der schnell drehend Seiende; Der mit dem sich schnell Drehenden
Di-IN-GIR = Die Entscheider, die sich mit Fluggeräten bewegen

Di-GI-IR = Die Urteil und Rat bringen
DIM-ME-IR = Die Macher, die die ME bringen
Di-BUR = Die mit der Urteils-Schale
IL = Der/Die „Leuchtende"
il a-nim = Der zu den „Leuchtenden" gehörende Oben-Seiende = Der Oberste der „Leuchtenden".

Das bei ePSD erwähnte digir wird modern als Dingir geschrieben und ist identisch mit DI-IN-GIR.

Die Bedeutung an = Raumstation/"Himmel" ergibt sich aus Tempelhymne 15, Quelle [6], und der Zusammenfassung der Beweise, die im laufenden Abschnitt aufgeführt werden. Das Zeichen an dient, modern geschrieben als ^{d}, auch als Determinativ vor Namen/Bezeichnungen von Dingir-Persönlichkeiten. Es wird meist konventionell fälschlich als deus = Gott/Göttin interpretiert.

******

- Menschliche „Fachleute" wirkten bei Pflege und Überarbeitung der Fluggeräte kräftig mit. „Arbeiter" wurden mit Ladearbeiten betraut.
- Für die gefahrvolle und gesundheitsschädliche Produktion von Karbid wurden durch die technologisch überlegenen Besatzer Menschen ihrer Freiheit beraubt und abkommandiert. Dabei kam es in Erech/Uruk zu einem riesigen Explosionsunglück mit Feuer und Zerstörung. Die für Erech im Zusammenhang mit der Azetylen-Produktion gemeldete Großexplosion war jedoch nicht das alleinige Ereignis dieser Art. Derartige Unglücksfälle werden auch für Enegi, Kutha/Gudua, Ul-masch und Umma gemeldet. Sie waren so gewaltig war, dass sie ins Gedächtnis der Menschen als „Hölle" eingingen.
- Irgendwann wurden in Sumer die Bewohner von diesem gefährlichen Produktionsdienst befreit. Die *Dingir* machten anderswo „Gefangene", die sie „deportierten", um von ihnen unter lebensbedrohenden und gesundheitsschädlichen Umständen Karbid und Azetylen erzeugen zu lassen. Auch scheint ein

wichtiger Produktionsort von Sumer weg in die „Berge“ verlegt worden zu sein.

- In Nippur tagte ein Gericht dieses Clans, das schuldhafte Menschen aburteilte. Die Strafe konnte auch darin bestehen, dass der Verurteilte einem „zermalmenden Fluss“ übergeben wurde, in dem er entweder umkam oder dem er entrinnen konnte.
- Gemäß einem bisher in seiner Bedeutung nicht erkannten Berichtsteil wurde eine „zerstörerische Flut“ von den „Entscheidern“ entweder bewusst herbeigeführt - zumindest aber ihr Kommen den Menschen verschwiegen. Dabei bleibt offen, ob die Folgen für die Menschheit einfach hingenommen wurden oder die Menschen oder ein Teil von ihnen - wie in anderen alten Texten behauptet - bestraft oder gar vertilgt werden sollten.
- Die Flut kam zumindest für den Teil der *Dingir*, der am „Ort der Gerichtssprüche“ weilte, stärker oder schneller als erwartet, weshalb sie nur mit Notmaßnahmen genügend Treibstoff produzieren konnten, um, sich rettend, bei Karkara von einem „Kai der Flucht“ starten zu können.
- Für eine Bucht bei Lagasch wird schon für die Zeit vor der Flut ein glänzendes metallenes Unterwasser-Fahrzeug gemeldet, das „aus den Wellen hochsteigt“. Als dessen Erfinder wird *En.ki* benannt. Dieser hatte im Bett der Bucht auch einen „Unter-Wasser-Hort“ für dieses - wörtlich - „kunstvoll Zusammengefügte“ gebaut. Damit ist geklärt, was es mit seinem akkadischen Namen *E.a* auf sich hat. Der besagt „ Der mit dem Wasserhaus“.
- Der erwähnte metallgeschützte (!) Wasserhort wurde bei Lagasch in der Nähe von Nina für das „Unterwasser-Schiff“ und das mit dem „Himmel“ verkehrende große „Licht“- Fahrzeug schon **vor** der „zerstörerischen Flut“ errichtet. Dort überstehen diese beiden wichtigsten Fahrzeuge der *Dingir* die geschilderten Flut-Ereignisse unbeschadet.
- Nach der „zerstörerischen Flut“ kehrten die *Dingir* wieder in den Euphrat-Tigris-Raum zurück. Es bleibt jedoch zum Teil un-

klar, ob von Encheduanna zitierte Tempel-Standorte im Einzelnen sowohl vor als auch nach der „Flut“ Bestand hatten. Von den in anderen Quellen genannten Siedlungsgründungen, die **vor** einer großen Flut erfolgt sein sollen, werden Eridu, Badtibira, Sippar und Schuruppak = Kesch bestätigt. Außerdem lassen sich als Standorte von vor der Flut in den Tempelberichten noch Adab, Karkara und Lagasch mit verschiedenen Orten seiner Umgebung festhalten. Larak ist nicht zu erkennen.

- In Eridu, der „Stelle des Herausgleitens“, dem „Ort der Weisungen“, gab es lange **vor** der „zerstörerischen Flut“ eine geglückte Erstlandung, ein „Herausgleiten“ aus den Wogen durch einen *AB.GAL*, einen „im Wasser Wohnenden“, einen auf den ersten Blick „Fischartigen“, der den Menschen „Weisungen“ erteilte.
- Wie für Eridu wird auch für Lagasch eine „ sprechende heilige Truhe“ beschrieben, ein Gegensprechgerät, das Mitteilungen über Flugbahnen und Bewegungen anderer Himmelskörper erlaubte.
- In einer Bucht bei Lagasch stand ein Kraftwerk, wo aus den Wellen des Wassers mit „etwas sich Schlängelndem“ Elektrizität erzeugt wurde. Im Klartext: die Pumpen in den Gelenken der verbundenen, sich schlängelnden Hohlkörper wurden zur Energieerzeugung genutzt. Für den Fall ungenügender Wellentätigkeit konnte das Kraftwerk alternativ mit Brennstoff betrieben werden.
- In der Gegend von Lagasch wurde auch eine Erdöl-Raffinerie betrieben, die als Verteilerstation für die Tempelbauten diente und von der aus, im Laderaum des „Lichtes“, regelmäßig ein Öl-Derivat als Treibstoff zum Raumschiff *„Himmel“* geschickt wurde. Für den Antrieb des *„Lichtes“* wurde - neben teilweise erst im Fluggerät aus Karbidpulver und Wasser hergestelltem Azetylen - ein „Öl-Derivat-Apparat“ zur Schuberzeugung benutzt. Für zwei der Erdbasen - Ur und Isin - wird eingelagertes

Öl ausdrücklich erwähnt. Karbidpulver wurde in einem verschlossenen Behälter streng getrennt vom Öl-Derivat mitgeführt.

- In Kazallu und an anderen Stellen waren „Erdöl-Sammler" in Betrieb. Damit wurde auf Wasserstellen hervorquellendes Oberflächen-Öl abgeschöpft und von Schmutz geklärt, damit es zum Raffinieren geeignet war.
- Nicht nur in Eridu wurde Gold gereinigt und zum Raumschiff geliefert. Auch für Bad-tibira werden Goldbearbeitung und Lieferung nach oben angesprochen. In Ul-masch war ein Goldlager.
- Sicher ist auf alle Fälle, dass von der Erde zum „Himmel" regelmäßig Gold eines bestimmten „Reinheitsgrades" zu liefern war. Dieser Reinheitsgrad wurde vom „Herrn im Himmel" persönlich überprüft. Im Gegenzug wurden nach bestandener Reinheitsprüfung der Lieferstelle auf der Erde mit dem „Licht" besondere Produkte zugeteilt, die am „Überfluss des Himmels" teilnehmen ließen, auch „Gaben des Himmels" genannt wurden.
- In Umma befand sich ein Kühlhaus der *Dingir.* Dort wurden die vom Raumschiff *„Himmel"* gelieferten „Gaben des Himmels" bis zum Verbrauch „frisch gehalten". Ein uralter Name für Umma ist wörtlich zu verstehen als „Ort des Gerätes für das Frischhalten"... An anderen Stellen wurden diese „Gaben", auch „Wohltaten, Genussmittel" oder „Bekömmliches" genannt, weiter bearbeitet. Es handelte sich um im Raumschiff hergestellte Speisen und Getränke, von denen nicht nur die auf der Erde tätigen *Dingir* profitierten, sondern teilweise auch die normalen Erdbewohner. Auch in Adab könnte ein Kühlhaus funktionsfähig gewesen sein.
- Irgendwo zwischen Adab und Esch-nun-na lag ein Verarbeitungsreservat für die Umgestaltung von „Gaben des Himmels", für das ausdrücklich vermerkt wird, Fluggeräte hätten dort „auch nachts landen können".

- Einige Tempelgebäude hatten tief ins Erdreich eingesenkte Kellerteile, wo nicht nur Kalkstein zu dem zur Azetylen-Erzeugung benötigten Karbid gebrannt wurde, sondern auch in jener fernen Vorzeit Erz zu Metall verhüttet worden ist. Metallguss und Metallformung waren den Besatzern bekannt. Wenn der sumerische Name der Priesterkleidung „Gefahr“ und „Leiden“ andeutet, dann hatte das nicht nur mit Strahlung bzw. Risiken bei Start- und Landevorgängen zu tun, sondern auch mit der Hitzeentwicklung nahe den Verhüttungsöfen.
- *Nergal* war keineswegs der immer wieder behauptete „Unterwelt-Gott“, sondern eine Art Verhüttungstechniker. Er überwachte in einem dieser „ins Erdreich eingesenkten Kellerteile“ die Metallerzeugung. Diese Tatsache wird von Encheduanna derart verklausuliert überliefert, dass man schon 200 Jahre nach der Priesterfürstin daraus falsch interpretierend eine „Unterwelt“ für Tote konstruierte. Diese erfundene „Unterwelt“ machte sich anschließend in den Mythen Babylons, Assyriens, der alten Griechen und der Römer mit „Höllen-Schmieden“ und viel erfundenem Glaubens-Beiwerk breit. In den Tempelberichten selbst sind jedoch keine Hinweise auf „Unterweltgötter“ oder erdverhaftete „Schlangengötter“ zu finden.
- In Lagasch und an anderen näher beschriebenen Stellen konnten alle Fluggerät-Typen der *Dingir* auf dem Wasser landen, während in anderen Textzeilen nur Landungen auf festem Land berichtet werden. Es bleibt somit offen, ob das „Licht“ und die „Skorpione“ Amphibien waren oder im zweiten Teil der Tempelhymnen nur eine technische Weiterentwicklung aufgezeigt werden soll.
- Agade, die spätere Hauptstadt des Reiches von Akkad, erhielt ihren Namen von einem für das „Licht“ zum „Hinfahren bereitstehenden Gebäude“.
- Uruk und Kulaba waren keine verschiedenen Orte oder Ortsteile wie von Sumerologen bisher vermutet. Die uralte Schreibung für Uruk lautete *u_2-nu-ug ki*, die für Kulaba war *kul-a-ba_4*

ki. Das Erste ist auf Deutsch gleich „Ort der Basis für das sich schnell drehende Leuchtende", das Zweitgenannte ist gleich „Der Schale dauerhaft zugeteilter Ort". Da „Schale" und „Leuchtender" mit dem „Licht" identisch sind, bezeichnen beide Ortsbezeichnungen gemäß Tempelhymne 16 das Gleiche, nämlich das *E-an-na* = den „Für An errichteten Baukomplex". Als Bestandteile dieses aus vielen Teilen bestehenden ursprünglichen *E-an-na* (nicht zu verwechseln mit dem späteren *In.an.na*-Tempel) werden ausdrücklich erwähnt: Bauten für große ME, eine kronenartige Wallstruktur zum Abkühlen des Flug-Stiers des An und ein großer „Schrein". Auf die verwirrenden falschen Bezeichnungen der Archäologen ist deutlich hinzuweisen, damit wenigstens einige Missverständnisse geklärt werden können.

- Die anfangs präsentierten Tempelhymnen lassen anklingen, dass die Startvorgänge des „Lichtes" u.a. aus wallumkränzten/wallbegrenzten Backsteinmulden erfolgt seien. Ähnlich dem Puzzle, mit dem Encheduanna umständlich das Stufenverfahren für die Azetylen-Erzeugung herausschält, entschleiert sie in nachfolgenden Berichten alternativ mit verklausulierten Hinweisen eine an den Längsseiten hochgezogene metallene bogenartige Rampe, in deren Anfang das „Licht" ruhen kann, wenn es aus dem Wasser gehievt worden ist, und die mit ihrem Schaufel-Charakter vielleicht einen katpultartigen Start ermöglichte. Diese „Stink-Rinne" für *MUSCH*$_3$ = den Feuer-Vogel/ den Stinkenden/das drehende „Licht" mussten die Sumerer selbst zu bauen lernen.
- Wie beim Start moderner Weltraumfahrzeuge wurden die Insassen des zum „Himmel" startenden Fluggerätes vor dem Start darin „festgezurrt", damit sie die enorme Startbeschleunigung „überleben" konnten.
- Außerhalb von Sumer, im Gebiet des heutigen Iran, wurde eine „große Manufaktur" für Sumer errichtet, in der von den *Dingir* „Sklaven" beschäftigt wurden. Andererseits wird für einen Ort

in Sumer ausdrücklich gemeldet, die *Dingir* hätten ihn „von der Last des Glühens befreit". Damit schufen sie sich im besetzen Sumer eine Art Ruheraum mit gehorsam dienenden Hilfskräften.

- Auf den Tontafeln für die Tempelberichte war für die Vorzeit keine *NI.SA.BA* oder *Nidaba* zu finden wie in allen wissenschaftlichen Umschriften behauptet. Vielmehr tauchte im Text für Tempelhymne 42 mehr als ein halbes Dutzend Mal das Wortzeichen *NAGA* auf. Dies meint auf Deutsch – wie von uns abgeleitet – *Karbid*, womit Eresch als „Karbidstadt" bestätigt wird. Die Tempelherrin selbst war keine *NI.SA.BA* sondern eine *NAGA* = „Die mit dem Karbid".
- Die Tempelberichte können auch nicht als Zeugnis für die vorzeitliche Existenz einer Person namens *In-an-na* in Anspruch genommen werden. Wo diese Bezeichnung in der Umschrift der Keilschrifttafeln auftaucht, ist dies eine **irreführende konventionelle „Lesung"** für das Keilschrift-Wortzeichen *MUSCH*$_3$. Genau genommen handelt es sich bei diesem Zeichen wegen der verschiedenen dafür von den Babyloniern überlieferten Zeichennamen um einen Gattungsbegriff mit – wenn es sich um eine Nispe handelt – der Bedeutung *„Chef-Herrin/Oberste sich mit Leuchten Bewegende/Die mit dem Feuer-Vogel /Die mit dem drehenden Licht"* oder *„Die mit dem Stinkenden"*. In den Tempelberichten können mindestens drei weibliche Persönlichkeiten dieser Gattung ausgemacht werden, die den *Dingir* zuzurechnen sind. In anderen Texten der Encheduanna erscheint, für ihre Zeit bestätigt, eine vierte Person dieser Gruppe, bei der es sich jedoch auch um eine privilegierte normale Menschenfrau gehandelt haben kann.
- Es bleibt offen, ob der Grund der Landung ein Muss war, dessen Ursache im „Himmel" oder dessen Herkunft lag, oder ein Wollen, die Erfüllung eines dem Menschen unbekannten Zwecks.
- Über die Beziehungen des „Himmels" zu dessen Herkunftsort wird nichts geoffenbart bzw. ist keine gesicherte Aussage aus

den vorliegenden Fassungen zu entnehmen. Eine eigene Lesung der Keilschriftoriginale der Tontafelvarianten hat klar ergeben, dass vom überlieferten Text der Encheduanna, wie versucht worden ist, kein Hinweis auf eine Herkunft von den Plejaden abgeleitet werden kann.

Encheduanna´s Raumstation „*Himmel*" und die zugehörige Raumfähre „*Licht*"

In der vorstehenden Zusammenfassung der von Encheduanna stammenden Kernaussagen der Tempelhymnen werden die Raumstation und die Raumfähre klar angesprochen. Indessen müssen einige Aspekte vertieft werden, weil sie beim Vergleich mit den Behauptungen betreffend einen NIBIRU bzw. einen „Zwölften Planeten" als Heimat der „Götter" eine Rolle spielen.

Erinnern wir uns zunächst etwas eingehender an Tempelhymne 15, wie sie in „Encheduanna: Geheime Offenbarungen" [6] behandelt worden ist. Wir kennzeichnen wörtlich übersetzten Originaltext durch *Schrägschrift.*

Der für das Verständnis des „*Himmels*" wichtigste Textteil beginnt in Zeile 189, wo von der Vorbereitung des Startvorganges für die Raumreise die Rede ist: *Angst erhebt sich vor der großen/wichtigen Wegstrecke.* Die zu bewältigende Strecke war demnach zumindest aus normaler menschlicher Sicht *groß*.

Zwischengeschoben sei, dass diese Strecke in Tempelbericht 19 in Zeile 231 als *der zwischen dem „Himmel" und der Erde existierende Pfad* bezeichnet wird. Dabei wird in der nächsten Zeile so nebenbei erwähnt, der „*Himmel*" sei *aus Glanzmetall* gefertigt gewesen – was von der Hohen Priesterin auch an anderen Stellen in ihren Tempelberichten bestätigt wird. Demnach ging die Raumreise über eine vorgegebene Route zu ihrem Ziel am Horizont, woraus geschlossen werden darf, **dass auch die Raumstation im Verhältnis zur Erde eine vorgegebene Route verfolgte.**

Dieser in Zeile 231 beschriebene *Standard-Pfad* führt gemäß Zeile 54 von Encheduannas Tempelhymnen durch die *feindliche Dunkelheit des Alls.*

Tafel 3: Die Keilschriftzeichen mul

Das **gehörte** Wort *mul* kann mit vier verschiedenen Keilschriftzeichen geschrieben werden und hat dementsprechend vier leicht oder grundlegend verschiedene Bedeutungen. Diese unterschiedlichen Bedeutungen der gleichklingenden Wörter (Homophone) werden bei der Wiedergabe in abc-Schrift durch Fußzahlen von der Hauptbedeutung unterschieden. Wenn nach einer Lesung von originalen Keilschriftzeichen in der Wiedergabe mit abc-Zeichen das Wort *mul* erscheint, kann man daher aus mindestens zwei Gründen nicht sicher sein, welche Aussage vom Sumerisch Schreibenden gemeint war. Einerseits ist es denkbar, dass in der Aufeinanderfolge der Textweitergabe einer der Keilschriftschreiber den Sinn des gehörten Wortes nicht erfasst und ein nicht gewünschtes Zeichen geschrieben hat (Hörfehler). Andererseits ist es möglich, dass der moderne abc-Schreiber das richtig gelesene Keilschriftzeichen nicht richtig als dieses oder jenes Homophon mit der zugehörenden Fußzahl gekennzeichnet hat. Die Fußzahl 1 wird nicht geschrieben. Das ePSD, Quelle [14], unterscheidet 4 Zeichen für *mul.*

mul ursprünglich in Sumer ein Verbum *sprinkeln, glitzern, aufleuchten, blinken, scheinen,* das als Substantiv etwas *Sprinkelndes, Glitzerndes, Aufleuchtendes, Blinkendes* am Firmament beschreibt; im Zeitverlauf Bedeutungsverengung zu *Stern*; außerdem gleich *Pfeil* und *verzweigen*

mul_2 Bedeutung wie *mul*; zusätzlich *Basis, Fundament(e)*

mul_3 Holzwespe

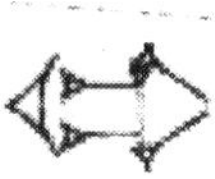

mul_4 Bedeutung wie *mul*

Das Wort „Stern" wird angeblich auch mit *mul-an* geschrieben. Siehe Widerlegung im Buchtext.

******

Dann folgt in Tempelbericht 15 die Zeile 190, die mit dem sagenumwobenen *gisch-ban₃-da* beginnt, das mal alleine in den Texten steht, mal mit einem Ortsdeterminativ verbunden ist. Wir haben die Silbe *ban* gerade eben mit der Fußziffer 3 gekennzeichnet, weil das zugehörige eindeutige Keilschriftzeichen für die Interpretation ausschlaggebend ist.

Vorher aber: Was kann in dieser Zeile *GISCH/gisch* meinen?

Die Liste ist lang. Am Anfang der sprachlichen Entwicklung stand die Bedeutung „Holz" und davon abgeleitet „erzeugen/herstellen/formen/gestalten mit oder aus Holz"; damit verbunden „Erzeugnis/Gerät/Werkzeug für …"; aber auch „Mensch/Mann" und „hören/verstehen"; schließlich auch ein spezifisches Firmament-„Gerät" für die *Dingir*, das modern - nicht erst von uns sondern schon anfangs des zwanzigsten Jahrhunderts von Altorientalisten - meist mit *„Himmel"* übersetzt wird. Manchmal ist mit *GISCH* die Zahl 60 gemeint, was von einer Art Dreisatz herrührt, der darauf beruht, dass *An* die Zahl 60 zukam: *GISCH/gisch = 60 = AN = an = "Himmel"* …

ban₃ steht für: „hinter/neben/nach …" - *da* wird auch mit „gehen" übertragen.

Der in dieser Hymne nachfolgende Kontext lässt uns für das sumerische *gisch-ban₃-da* auf Deutsch daher für *Der neben das „Gerät" Gehende/Der neben den „Himmel" Gehende* optieren. Dieser *„Gehende"* ist demnach ein Ding/Erzeugnis, das am *„Himmel"* anlegen kann - heute würde man Raumgleiter oder so ähnlich sagen … nur eine andere Benennung für das *„Licht"*. Die Zeile fortlaufend auf Deutsch:

> ***Z 190: Der „Neben den ‚Himmel´ Gehende" ermöglicht den Aufstieg. Diese Erscheinung/Gestaltung nähert sich dem „Großen Ort des Überflusses". Niemand kann auf dem Weg dahin hinausgehen/aussteigen.***

Das *im Oben* befindliche *Gerät* der *Dingir*, der *„Himmel"*, wird demnach von Encheduanna gleichgesetzt mit dem aus einigen anderen Keilschrifttexten bekannten recht geheimnisvollen *Großen Ort des Überflusses* der **konventionellen** Sumerologen, der bisher von diesen nicht präzisiert bzw. lokalisiert werden konnte.

Jetzt wissen wir es!

Für die nächste Zeile 191 bringen Sjöberg und Bergmann [2] in ihrer „Lesung" = Umschrift der Keilschriftzeichen in abc-Schrift so viele Varianten, dass wir der Einfachheit halber den Leser nicht mit Einzelheiten verwirren wollen. Bei ihnen sind denn auch nur tastende Übertragungsversuche mit überwiegend weißen Stellen zu finden. Krecher und Jagersma [3] gehen wieder in die Vollen und erfinden wie so oft aus der hohlen Hand einen glatten Text auf Englisch, in dem seltsamerweise etwas von einer „hervorragenden Schlinge" vorkommt. Für uns liegt die Erklärung für die angetroffenen Schwierigkeiten auf der Hand: Encheduanna hat jonglierend in dieser Zeile zweimal *GISCH/gisch* mit unterschiedlichen Aussagen verwendet. Das ist später nicht mehr verstanden worden. Einmal war - wie auch im Tontafel-Keilschriftoriginal angedeutet - *GISCH* = *nim* = „Oben-Gerät" = „Himmel" gewollt und das andere Mal *gisch* = „Gerät" für eine prosaische Bedeutung.

> ***Z 191: Das Drehen/Rotieren hört auf. Im „Oben-Gerät" = „Himmel" entsteht Freude/Entzücken. Ein Gerät, etwas wie eine Falle, wird zum Landen zugeteilt.***

Encheduanna beschreibt hier bewundernswert mit den einfachen Mitteln der sumerischen Sprache (*$esch_2$-ad gim = etwas wie eine Falle*!) eine verschließbare Landebucht am himmlischen *„Oben-Gerät"*!!!

Kein Wunder, wenn man um 1960 in [2] dies noch nicht erfassen konnte, aber für [3] hätte diese technische Lösung für das Andocken mittels Landebucht an einer Raumstation um das Jahr 2000 doch denkbar sein können ... Zugegeben, wir Menschen haben bis heute Derartiges in dieser Form noch nicht realisiert, doch wird eine solche technische Errungenschaft seit einiger Zeit nicht nur in Zukunftsromanen und Zukunftsfilmen, sondern auch bei der NASA angedacht.

Jedenfalls wusste die Priesterfürstin, so müssen wir angesichts der Bildhaftigkeit des gefundenen Textes schließen, ziemlich genau, wovon sie um 2.300 v.u.Z. aus einer für sie fernen Vorzeit berichtete. Dies dürfte eine der Stellen in den Tempeltexten sein, die eindeutig unsere Gesamtinterpretation bestätigen. Oder wollen Kritiker uns glauben machen, die Priesterfürstin habe – über eine für sie selbst ferne Vergangenheit berichtend – dann noch mehr als 4.300 Jahre in die Zukunft geschaut???

Weitere Auskünfte über den „*Himmel*" erteilt die Priesterfürstin mit den Zeilen 480 ff.

Sjöberg und Bergmann nehmen an dieser Stelle nicht - wie sonst leider oft – eine eigenwillig verengende „Lesung" der gefundenen sumerischen Keilschriftzeichen vor. Sie bringen in der Umschrift richtig *e_2-NUN*. Auch verweisen sie selbst sogar darauf, dass *NUN* auch gleich *ga-ar* gesetzt werden darf. Dann aber wird, in moderne Sprache übersetzt, aus dem rätselhaften sumerischen Fundstück *e_2-NUN eine für etwas bestimmte Baustruktur, eine zweckgerechte Baustruktur*. Und dann stimmt auch die Grammatik für den Rest der Zeile, wenn man das *e = hinausgehen* beachtet, das bestätigend in einer Tontafel-Variante auftaucht.

Wir haben in dem besonderen Abschnitt in Quelle [7], in dem das Wortzeichen *NUN* besprochen wird, mit Hilfe des „Sumerischen Lexikons" von Professor Deimel [5] für *NUN = SI-IL* auch die Bedeutung *platzieren zum Auffüllen* abgeleitet. Dies passt ganz logisch zu Vorstehendem. Aus dem in der gefundenen Umschrift dankenswerterweise unverfälscht vorzufindenden *e_2-NUN* wird damit wörtlich *ein zum Platzieren und Auffüllen bestimmter Bauteil*. Kurz gefasst: ***ein Liege- und Wartungsteil!***

Im sumerischen Original taucht außerdem *mul* auf, was in Übersetzungen leider oft mit „Stern" gleichgesetzt wird. Genau genommen ist das eine auf antiken Zeitablauf bzw. moderne **Konvention** beruhende Verengung. Eigentlich ist (siehe Tafel 3) *sprinkeln/das Sprinkelnde/das Blinkende* zu verstehen und damit **jeder** blinkende Gegenstand am Firmament, ***jedes sprinkelnde, blinkende Himmelsobjekt*** - auch das *„Licht"* oder sogar die Raumstation *„Himmel"*, wenn der Textzusammenhang gedanklich nachvollzogen werden kann. Beim Verstehen und Übersetzen hilft weiter, dass auf Tontafelstück R, wie gerade erwähnt, eine Variante zu finden ist. Dort folgt auf *mul* gemäß einer Fußnote ein *e* für *hinausgehen*.

Mit einem Fragezeichen versehen erscheint außerdem in der abc-Umschrift der Zeile als Lautzeichen *men*, wo, wie wir gleich sehen werden, das gleich geschriebene Wortzeichen *MEN* begriffen worden sein sollte. Durch die subjektive Einengung des modernen Bearbeiters auf *men* wird daraus bei den bisherigen Übersetzern eine unsinnige „Krone", „geboren von *Nin.gal*". Diese Übersetzung nimmt keine Rücksicht auf das Fragezeichen und auch keine Rücksicht auf die Grammatik. Wir klopfen Halloran [8] ab und finden S. 38: Wortzeichen *MEN* = *tam* = *tan*$_2$ = *hell werden/sauber werden* und entdecken an anderer Stelle auch die Bedeutungen *aufleuchten* und *reinigen*. Da können wir uns bedienen. Also wieder einmal bei der „Lesung" der Keilschriftzeichen eine unzulässige Verengung von *MEN* zu *men*! Und *Nin.gal* gehört gedanklich schon zu den nachfolgenden Zeilen. Daher:

> ***Z 480: Aus der dazu bestimmten Baustruktur/zweckgerechten Baustruktur (= Aus dem Liege- und Wartungsteil) des „Himmels" geht das Sprinkelnde (= „Licht") hinaus, das Firmament leuchtet auf. ///*** **(Der von Nin.gal Geborene,)**

Wir können nicht sofort zu dem übergehen, was der in Klammern präsentierte *„Geborene"* anschließend in Zeile 481 bewerkstelligt, weil sonst eine äußerst wichtige Nuance des Textes überlesen werden könnte.

In dieser Zeile 480 fährt das *„Sprinkelnde"*, das in Zeile 479 kurz vorher schon *„Licht"* genannte Himmelsobjekt (= *mul*), nicht einfach aus dem *„Himmel"* hinaus. Es verlässt dort die *„dazu bestimmte Baustruktur"* = den Liege- und Wartungsteil. Dabei bleibt bis zu Zeile 485 sprachlich aber noch offen, wo diese *„Struktur"* zu suchen war: noch in dem Bauteil *„etwas wie eine Falle"*, d.h. der Landebucht, oder vielleicht weiter im Innern der dann doch **großen** Raumstation???

Weiterfahrend zu Zeile 481 können wir leider wegen der beschädigten Tontafeln nicht über einen vollständigen Text verfügen. Die Zeilenstruktur ist aber klar zu erkennen, wenn man beachtet, dass der Anfang des Gedankens, den wir in Klammern wiederholen, am Ende der vorhergehenden Zeile steht.

> ***Z 481: (Der von Nin.gal Geborene), oh Gebäude des U.tu, dein Fürst* (macht irgendetwas irgendwie irgendwo), *bringt „Gaben/Überfluss" vom „Himmel" zur Erde, steigt immer wieder auf.***

Betrachtet man diese Zeile zusammen mit dem, was die Hohe Priesterin in vorhergehenden Zeilen der Tempelberichte über die Flugtätigkeit des Tempelherrn *U.tu* geliefert hat, offenbart sich klar eine Nachricht, die bisherigem Denken der akademischen Altorientalisten so nicht ganz geläufig war.

In Z 479 *kommt* das „Licht" zum irdischen Start- und Landeplatz, die Ankunft ist demnach wichtiger als das Starten. Zeile 480 stellt noch einmal den *Abflug* vom *„Himmel"* in den Mittelpunkt. Und nun der große Bang mit Zeile 481. Wörtlich: *bringt Gaben/Überfluss vom „Himmel" zur Erde.* Und noch einen drauf: *steigt immer wieder auf.*

Wohin denn? Wozu? Zu dem oben in Zeile 190 bereits erwähnten *Großen Ort des Überflusses*, zum mächtigen Raumschiff, um bestimmte *Gaben des Himmels* zur Erde zu bringen, wo diese nicht erzeugt werden!!!

Die dann zu betrachtende Zeile 485 stellt sich mit einem sinnwidrigen **Hörfehler**, einer **alt**sumerischen Grammatikbesonderheit und drei Varianten für das Satzende vor. Bei [2] „stehen die Herden vor *U.tu*", bei [3] „weidet" irgendwelches „Vieh" und bei [4] „stehen die Herden vor *U.tu* auf der Weide". Von einer „Weide" ist aber nirgendwo im sumerischen Text etwas zu entdecken. „Herde" oder „Vieh" könnte wegen *$masch_2$-ansche* zutreffen, wenn sich dies nicht wegen des Kontextes als ein kapitaler **Hörfehler der alten Schreiber** erklären ließe. Von Encheduanna her soll man da *ma_4-scha-an $sche_3$* verstehen. Dabei ist das letzte Wort des ersten Teiles keine Nachsilbe, sondern stellt hier ein **alt**sumerisches Vor-Wort dar, das *hin zu/in Richtung auf/um/wegen* im Hinblick auf die nachfolgende *Unterstützungsstelle* anmeldet.

Der richtig verstandene Anfang der neuen Aussage offenbart dann genau so Überraschendes wie die *zweckgerechte Baustruktur* als *Liege- und Wartungsteil* des *„Himmels"* in Zeile 480. Diese *Wartungsstruktur*/ dieser *besondere Bauteil* ist demnach gemäß Zeile 485 nicht etwa an das Raumschiff außen als eine mit einer Klappe versehene große Landebucht nur angebaut, sondern integraler Bestandteil der Raumstation, weil *scha* eindeutig ***das Innere** des „Himmels"* bezeichnet.

Die erwähnte *Unterstützungsstelle* konnte entdeckt werden: *u_2* gibt auch *unterstützen* her, das nachfolgende *a* deutet ein Nomen an und wir finden *KI = Stelle* unter den gemäß Kommentar von [2] möglicherweise nachfolgenden Keilschrift-Zeichen. Unter den drei als Varianten angebotenen Zeilenenden entschließen wir uns für die Hauptvariante der Umschrift von Sjöberg und Bergmann, weil dann Zeile 486 logisch anschließen kann: der Kontext erhält mal wieder sein Recht, ob wir nun Übersetzungsvariante a) oder b) nehmen. Die beiden Fassungen ergeben sich, wenn man statt dem *ug* der Umschrift ein Homophon *ug_2* annimmt. Dann ändert sich auch die Interpretation von *su_8*. Der von uns rekonstruierte und übersetzte sumerische Text lautet dann:

^{d} U.tu ma_4 scha-an $sche_3$ u_2-a-ki mu ni en su_8-ug(2)

Z 485: Wenn der Dingir U.tu das Innere verlässt in Richtung auf die Unterstützungsstelle um dort

a) auf dem Wasser aufzusetzen und zu stehen/lagern, oder

b) den „Löwen"/das „Licht" zu besprühen,

Z 486: dann sorgen die Schwarzköpfigen für Wasser, damit er zwecks brodelnder/fauchender Auflösung **(Karbid)** ***begießen kann.***

Mit den *Schwarzköpfigen* haben wir den Standardausdruck für die Bewohner Sumers vor uns. Das Wort *Karbid* wurde von uns hinzugefügt, um zu erklären, was *mit Wasser begossen* werden soll, um eine *fauchende Auflösung* zu erzielen. Encheduanna beschreibt hier zum wiederholten Mal die Herstellung von Karbid-Gas oder Azetylen, das gemäß ihren Berichten allein oder mit Sauerstoff und/oder Ölderivaten als Treibstoff für die Flugapparate der *Dingir* gedient hat. Dies wird unter Bezug auf die entsprechenden Berichtszeilen mit allen physikalischen und chemischen Einzelheiten in [6] und [7] dargestellt.

In keiner der übersetzten Zeilen wird wörtlich angesprochen, was aus dem Zusammenhang klar wird. Die Landungen erfolgten in der Startposition – also gewissermaßen im Rückwärtsflug unter Drosselung des Strahltriebwerks. Die moderne Technik hat im Jahr 2015 eine derartige Rückwärtslandung eines Raumgefährts (Falcon 9 von SpaceX) als bisher „unerreichte Neuerung" gefeiert. Wirklich???

Festzuhalten ist außerdem, dass *U.tu* zum *Stützpunkt* auf der Erde vom Raumschiff her kommt. Und zwar *aus dessen Innerem* – d.h. aus der dort befindlichen *zweckgerechten Baustruktur = dem Liege- und Wartungsteil* der Zeile 480, der nicht nur sprachlich **nicht** mit der Landebucht der Tempelhymne 15 identisch ist. An Zeile 191 kann zur Erläuterung erinnert werden. Das *„Licht"* reduziert und stoppt dort zuerst sein *Drehen/Rotieren*, legt sich irgendwo **an der Seite** der Raumstation nieder. Sodann schließt sich *„etwas wie eine Falle"* um *„Licht"* und ersten Liegeplatz, um die Landung zu vollenden. Die unbedingt erforderliche Druckschleuse zwischen Landebucht und *Innerem* des Raumschiffes kann jetzt geöffnet werden. Erst in diesem Augenblick kann das *„Licht"* in das *Innere*, an seine *zweckgerechte Wartungsstelle*.

Dies sind - zusammengefasst - zwar knappe, aber zureichende Beschreibungen, mit denen **zum wiederholten Mal** in ihren geheimen Offenbarungen die Priesterfürstin mit den einfachen Mitteln Ihrer Sprache beweist, dass sie weiß, wovon sie berichtet.

Derartige Feststellungen müssen den bisherigen Übersetzern jedoch fremd sein. Quelle [2] meint simpel, „die Schwarzköpfigen haben gebadet". Krecher und Jagersma plappern wie so oft nach und fügen noch hinzu, das sei „vor ihm" erfolgt. Lustigerweise erklärt uns [4], die Sumerer hätten dabei „Seife" benutzt. Wo die Dame diese im Text - oder in ihrem Hirngestrüpp? - wohl gefunden haben will?

Die rund 500 jetzt als Neuübersetzung **ohne Lücken** präsentierten Zeilen machen mit diesen Aussagen, wie oben angedeutet, endgültig Schluss mit den „Götter"-Märchen. Es gab keinen „Mond-Gott" *Nanna/Sîn*, sondern einen *Dingir*, der mit seinem *aufsteigenden Licht-Schiff* am nächtlichen Firmament mit dem Mond konkurrierte. Was die **konventionellen** Wissenschaftler als „Sonnen-Gott" *U.tu* bezeichnen, war ein leiblicher Sohn des vorgenannten *Nanna*, der, wie erwähnt, mit dem gleichen *Licht-Gefährt* am Tag *sogar zur Mittagszeit* der Sonne Leucht-Konkurrenz machte. Dieser Sohn *U.tu* zeugte seinerseits gemäß der so genannten Sumerischen Königsliste [21] mit einer normalen Einwohnerin Sumers einen Sohn. Dazu musste er doch menschenkompatible DNA haben - ein „Gott"???

Wirre Folklore oder Einweihungswissen?

Viele Fragen stellen sich und der erstaunte Leser könnte vermuten, die Berichte der Encheduanna legten letztlich doch keine Fakten offen, sondern seien nur phantasievolle religiöse Folklore.

Zur Zeit der Konzeption der Texte (ca. 2.350 bis 2.300 v.u.Z.) war das öffentliche Leben in Sumer und Akkad vom Königtum des Vaters der Berichterstatterin geprägt. Dieser soll angeblich sogar - nach einem späteren Bericht zu urteilen – für sich in Anspruch genommen haben, irgendwie genetisch zur Nachfolge der *Dingir* zu gehören. Seine Tochter Encheduanna war auf Grund ihrer Stellung die besteingeweihte Person. Sie übte ihr Amt als oberste Repräsentantin eines Staatskultes aus, der sich seit Menschengedenken auf vorhandene Tempel und geformte Riten stützte. Machen wir uns in diesem Zusammenhang einmal klar:

Die Realität der Tempel und des Tempeldienstes lässt sich nicht wegdenken. Wo es Tempel und Tempeldienst gab, da muss es irgendwann erste Tempelbauten und ersten Tempeldienst gegeben haben. Kein vernünftiger Mensch kann annehmen, erster Bau und erster Dienst seien in einer fernen Vorzeit gewissermaßen aus sich heraus und ohne Grund und Zweck entstanden. Am Anfang des sumerisch-akkadischen Staatskultes müssen eindeutig im Zusammenhang mit einem Raumschiff reale Ereignisse gestanden haben, die zu Bauwesen und Dienst führten. Von Nichts kommt Nichts!

Die weit zurück liegenden Gründe und Zwecke des Tempelwesens wurden in den Tempelhymnen von seiner höchsten Repräsentantin für die Nachwelt festgehalten. Alle Textteile sind derart aussagekräftig und in sich abgestimmt, dass ihr Inhalt vor mehr als 4.300 Jahren von Encheduanna nicht erfunden worden sein kann. Zwar dürfte sie zu den Menschen mit dem umfassendsten Wissen und höchsten Intellekt ihrer Zeit gehört haben, aber man kann sich sicherlich nicht vorstellen, sie habe

- dutzendweise über Bezeichnungen von Fluggeräten und Flugapparat-Typen phantasiert, obwohl dergleichen in der menschlichen Vorgeschichte nicht existierte,
- sich gar ein *Startgerüst* für ein *Flugding* ausgedacht, weil dieses *„Licht"-Schiff* zu groß war, um in ein bestimmtes Gebäude *von oben* einfahren zu können,
- von einem *Standard-Pfad* für ein Fluggerät durch *die ewige Nacht* des *unwirtlichen Alls* zu einem *oben schwebenden Gerät* fabuliert,
- sich die Einzelheiten eines genauestens beschriebenen Herstellungsprozesses für ein Fluggerät-Treibgas aus den Fingern gesogen,
- die Unverfrorenheit besessen, den *Dingir*, d. h. den Wesen, denen sie, wie sie selbst schreibt, *ergeben diente*, ein Fehlurteil anzudichten. Sie versichert, ein Teil von ihnen hätte Umfang und Schnelligkeit einer *zerstörerischen Flut* nicht richtig erkannt.

Zu viele Fakten stehen schließlich punktuell jedem Zweifler entgegen, der am Wahrheitsgehalt der Offenbarungen grundsätzlich herumnörgelt und sie in das Reich folkloristischer Glaubenserzählungen verweisen möchte.

In der Auftaktzeile der Tempelhymne 16 versichert einerseits die Autorin [vgl. Quelle 6], ursprünglich habe in Uruk, dem heutigen Warka im Irak, ein Großtempel des obersten *Dingir*-Herrschers *An* für *ME/me* bestanden. Das sind die Formgebungen, die wir als *Dingir*-Instrumente zu Wissen und Macht bezeichnet haben. In der darauffolgenden Zeile fährt sie fort: durch *Abbrennen* - eine Art rituale Entweihungszeremonie - sei aus diesem Großtempel irgendwann *ein Hügel* entstanden, den die Menschen ihrer Zeit gärtnerisch *zu reichem Ertrag nutzen*. Der entsprechende Hügel wurde zwar bei den Ausgrabungen des 20. Jahrhunderts noch nicht entdeckt, doch müssen die Archäologen zugeben, dass sie nur an wenigen Stellen bis zu den Ursprüngen von Uruk hinunter graben konnten.

Die Tempelhymne 9 kommt andererseits nicht von Encheduanna, sondern wurde **später** zugunsten eines Tempels eingeschoben, der erst unter König Schulgi in Ur gebaut worden ist. In deren sumerischem Original tauchen nun aber keine Wortgestaltungen auf, die technologische Bezüge aufweisen. Damit liegt unserer Ansicht nach im Umkehrschluss ein Beweis vor, dass die technologischen Aussagen **aller anderen** untersuchten Texte von Encheduanna bewusst formuliert worden sind!

In Tempelhymne 15 schildert die Autorin, wie von uns berichtet, bewundernswert mit den einfachen Mitteln der sumerischen Sprache („*... wie eine Falle ...*") eine verschließbare Landebucht am himmlischen „*Gerät*", in der das Zubringerschiff, der „*Neben-das-Gerät-Geher*", nach langer Reise andocken kann. Heutzutage verstehen wir dieses Konzept deshalb, weil es uns demnächst technisch realisierbar erscheint. Niemand kann behaupten wollen, die Priesterfürstin habe bei ihren Berichten über eine ferne Vergangenheit mehr als 4.300 Jahre in die Zukunft geschaut ...

Auch ist nicht denkbar, dass Menschen zu Lebzeiten Encheduannas – d.h. etwa um 2.300 v.u.Z. – sich einem Dienst unterworfen hätten, den sie **selbst** irgendwann in der Vorzeit **erfunden** haben.

Wir sehen nicht, wie man angesichts der archäologischen Funde bestreiten könnte, dass es um 2.300 v.u.Z. *ergebenen Dienst* an den *Dingir* als sumerischen Staatskult gab. **Dann aber gab es irgendwann logischerweise auch *Dingir!*** Kein Rauch ohne Feuer! Doch war der Dienst keine verbindende Religion im heutigen Sinne eines Gebens und Nehmens, sondern Befehlshinnahme, Unterwerfung unter eine wegen ihrer überlegenen Technologie übermächtige Besatzungsmacht und Gehorsam ohne „Wenn" und „Aber".

Encheduanna, eine kultisch Eingeweihte und Sternweise, hat mit ihrem doppelten Hochpriesteramt in den beiden wichtigsten Staatstempeln und mit ihrem königlichen Namensrecht bewusst die Verantwortung für die Berichtssammlung übernommen. Wie real und spürbar für sie selbst das Wirken einer normalerweise *Dingir In.an.na*

Genannten war, hat sie - teilweise unter Wehklagen und Stöhnen - in ihrem Grossepos *nin-me-schar$_2$-ra* [9] der Nachwelt beschrieben.

Dort lässt sie mit Zeile 66 keinen Zweifel daran, dass sie den *gi-pa-ru* ihres Tempels, die für die Verbindung zu den *Dingir* bestehende *Antwort-Ermöglichungs-Kammer,* **zu ihrer Zeit** für funktionsbereit hält. Auch steht aus historischen Quellen fest, dass ihr an die Adresse der *Dingir* geäußerter Wunsch erfüllt worden ist, wieder in einen ihrer Tempel zurückkehren zu können, aus dem sie vertrieben worden war.

Sie hatte mit diesem ihrem eigenen *gi-pa-ru* **eine im engsten Wortsinn greifbare, berührbare Sache und damit einen Grund,** die für eine ferne Vorzeit und Eridu in Zeile 4 der „Tempelhymnen" angesprochene und auch in Zeile 245 für die Vorzeit von Lagasch wieder aufscheinende Gegensprechanlage für real, getreu überliefert und glaubwürdig zu halten.

Wenn sie statt über ihre eigene Gegenwart zu berichten in die Vergangenheit zurückschaut, dann behauptet sie um 2.300 v.u.Z., Eridu und Lagasch hätten in der Vorzeit an einem *Meerbusen* gelegen. Moderne Geologen bestätigen, die Küstenlinie des Persischen Golfes verlief etwa 5.000 v.u.Z. und vorher genau so, dass ihre weit zurück blickende Aussage zutrifft.

Auch hat die Menschheit in den letzten anderthalb Jahrhunderten staunend der Erfindung von Dingen beigewohnt, die von der doppelten Hohen Priesterin um 2.300 v.u.Z. mit den ungelenken Mitteln der sumerischen Sprache für eine ferne Vorzeit - teils mit erstaunlichen Einzelheiten - **als Tatsachen** umschrieben werden: Druckluftwaffen, Blitzkanonen, ein Unterwasser-Fahrzeug, eine Ölraffinerie, Elektrizität, Sendetürme, unterschiedliche Typen von Flugapparaten, Wasserlandeplätze, Startrampen, Rückwärtslandungen auf Land und Wasser, Azetylenproduktion, Shuttle-Technik für Raumflüge, ein Kühlhaus … und so weiter …

Doch damit nicht genug. Zur Raumstation *„Himmel"* - das ist, wir wiederholen bewusst, eine Übersetzung für das von der Königstochter beschriebene *Oben-Gerät aus Glanzmetall*, **die nicht wir sondern Altorientalisten** schon vor beinahe hundert Jahren **gefunden haben** – führt in der Vorzeit gemäß ihren Texten, wie oben schon analysiert, eine *Pfad* genannte vorbestimmte Route. Das von der Erde startende Fluggerät *„Licht"* legt dort aber gemäß den bereits erwähnten Berichten nicht einfach an. *Etwas wie eine sich schließende Falle* umhüllt es, wird wörtlich beschrieben, - eine Landebucht. Das haben sich unsere Ingenieure inzwischen zwar auch ausgedacht, aber noch nicht verwirklicht. Und dann setzt die Berichterstatterin noch einen drauf, indem sie unterstreicht, die Raumfähre gelange von dort *in das Innere* der Raumstation, um dort zu *ruhen und gewartet* zu werden. Ganz schöne Ausmaße muss dieses *glanzmetallene Oben-Gerät* gehabt haben.

Schließlich noch der Bericht in Tempelhymne 23: ein Kraftwerk im - in seiner Vorzeit-Existenz bestätigten - Meerbusen von Lagasch, das alternativ ersatzweise mit *gelagerter „Nahrung"* (Öl?) oder normal mit *Wasserkraft* betrieben werden kann. Womit die erstaunlichen Einzelheiten nicht aufhören: *etwas sich Schlängelndes* erzeugte dort gemäß der Überlieferung normalerweise die Elektrizität, womit kaum Durchlaufturbinen gemeint sein können, weil das Flusswasser sich grundsätzlich stetig in den Meerbusen ergießt, die Wasserkraft nach ihrer Aussage aber manchmal angeblich ausgeblieben ist. Wer denkt da nicht an die gegenwärtigen Versuche vor den Orkney-Inseln. Dort *schlängeln* sich mit Gelenken verbundene große Metall-Hohlkörper in den Wellen und mit den Gelenkpumpen soll Strom erzeugt werden ...

Zusammenfassend:

Wer will behaupten, die Priesterfürstin habe um 2.300 v.u.Z. sie persönlich betreffende Dinge und Ereignisse als präsent, vorhanden und greifbar darstellen dürfen, obwohl für die Gläubigen diese Präsenz nicht real gewesen wäre?

Wer will behaupten, die Priesterfürstin habe um 2.300 v.u.Z. für eine für sie selbst ferne Vergangenheit mit teils präzisen Einzelheiten über Ereignisse und Dinge berichtet, die einst nicht real waren?

Wer will behaupten, die Priesterfürstin habe um 2.300 v.u.Z. für eine ferne Vergangenheit mit seherischen Fähigkeiten viele Erfindungen erdacht, die in der Moderne erst in den letzten anderthalb Jahrhunderten verwirklicht worden sind?

Wer will behaupten, die Priesterfürstin habe um 2.300 v.u.Z. keineswegs aus einer fernen Vergangenheit über Fakten berichtet, sondern mehr als 4.300 Jahre in die Zukunft geschaut und Technologien aus ihrem Gehirn gesogen, die wir - wie eine Raumstation mit Landeklappe und für Fluggerät aufnahmefähigem Innenteil oder einwandfrei funktionierende Wellenkraftwerke - heute noch nicht verwirklichen können?

Könnte jemand, der all dies trotzdem behaupten würde, vielleicht doch akzeptieren müssen, dass man ihn einen unverbesserlichen Sturkopf nennt, der aus ideologischen Gründen für nicht denkbar hält, was nicht sein darf?

Oder wollen Kritiker uns glauben machen, die Priesterfürstin habe - über eine für sie selbst schon ferne Vergangenheit berichtend - dann auch noch mehr als 4.300 Jahre in die Zukunft geschaut, um demnächst zu realisierende Techniken abstrakt in ihrem Hirn zu formen???

Encheduanna kann nicht - über eine für sie ferne Vorzeit berichtend - mit ihrem Priesterhirn Vorrichtungen ersonnen haben, die heute 4.300 Jahre nach ihr von Technikexperten gerade erst angedacht werden.

Doch könnte man vielleicht einwenden, die von uns präsentierte Neuübertragung müsse selbst eine Erfindung sein. Sie weiche von den bisherigen Deutungen, die alle von Sjöberg und Bergmann [2] ausgehen, derart radikal ab, dass dies nicht mit rechten Dingen zugehen könne.

Welche **Fakten** sprechen für die neue Annäherung?

Erstens hat sich die Sumerologie selbst seit dieser vor mehr als 50 Jahren erarbeiteten und weiterhin äußerst wertvollen Grundlage wesentlich weiter entwickelt. Es gibt neue stark ergänzte Wörterlisten und die großen Umrisse der historisch auch regional unterschiedlichen Grammatikentwicklung zeichnen sich inzwischen ziemlich deutlich ab.

Zweitens hatten Sumerologen um 1960 nicht den geringsten Anlass, an ein Raumschiff oder Startrampen für einen Shuttle-Betrieb mit dem „Licht" überhaupt zu denken - geschweige denn anzunehmen, etwas Derartiges könne sich im Text auftun.

Drittens begannen einige Forscher seither mit Bedeutungstabellen und Partituren zu arbeiten. Dies sind unverzichtbare Werkzeuge, die von uns angesichts der für den sumerischen Text gefundenen, oft ausschlaggebenden Varianten bei fast allen Zeilen benutzt worden sind, jedoch in unserem Kommentar nur selten aufscheinen.

Viertens ist es uns gelungen, die an fünf Stellen auftauchende Schlüsselsequenz *KA.AN.NI.SI* relativ früh zu knacken. Siehe dazu [6], S. 157 - 161. Keinen der bisherigen Übersetzer hatte es gestört, dass sie diese Sequenz, sagen wir es höflich, recht unterschiedlich übertragen mussten, um sie an den fünf Stellen in den bisher vorgegebenen sakral-ritualen Kontext einzuordnen. Von den mit einer umfassenden Bedeutungstabelle abgeleiteten zahlreichen erlaubten Deutungen passte aber an allen fünf Stellen **nur eine einzige technologische Aussage** in den jeweiligen Kontext. Damit waren alle für die 42 Tempeltexte bis dahin gefundenen sakral/ritualen Deutungen im technologischen Sinn zu überprüfen.

Fünftens wurde an einigen Stellen relativ früh klar, dass bei der so genannten Umschrift von Keilschriftzeichen in abc-Schrift vor Jahrzehnten von den Fachleuten einengend „gelesen" worden war. Statt subjektiv beeinflusster Lautwerte hätten in abc-Schrift Wortwerte mit einem viel weiteren Bedeutungsspektrum angezeigt werden müssen. Grundsätzlich war es deshalb erforderlich, immer wieder bei der Erstellung der Bedeutungstabellen zu prüfen, ob sich eine „Rückrechnung" in Wortwerte aufdrängt. Manchmal half - da die Tontafeln nicht verfügbar waren - nur der Rückgriff auf eigenes Lesen der verfügbaren Abzeichnungen der originalen Keilschriftzeichen.

Sechstens konnte mit dem Sumerischen Lexikon von Prof. Deimel [5] eine wertvolle Quelle für die manchmal für die Übersetzung ausschlaggebenden Zeichennamen der Wortwerte benutzt werden. Von der Verwendung dieser Quelle ist bei [2] und den Nachfolgern nichts zu finden.

Siebtens wurde bald erkannt, dass unsinnige frühere Deutungen oder rund 200 leere Stellen auch auf Hörfehler der alten Kopierer zurückzuführen waren.

Achtens führte dies dazu, bei den gefundenen Umschreibungen immer auch die Homophone zu überprüfen, die gleichklingenden Wörter mit anderer Aussage.

Neuntens wurde dadurch plötzlich die einfache von Encheduanna verwendete Verschlüsselung offensichtlich: Der sumerische Text war nicht in seiner Schreibform zu beachten, sondern wollte gehört werden.

Zehntens gab es einen Zufall, der kaum erklärlich ist. Es darf bezweifelt werden, dass Azetylen als Treibgas erkannt worden wäre, hätte der Übersetzer und Kommentator in seiner Jugend nicht als „böser Bube" in einem stillgelegten Steinbruch mit Flaschen hantiert, die von gewässertem Karbid und dem daraus entstehenden Karbidgas = Azetylen zum Bersten gebracht wurden.

Wer behauptet, die hier gebotene Übersetzung sei ein unglaubwürdiges Hirngespinst des Autors, möge versuchen, wissenschaftlich einwandfrei Zeile für Zeile zu beweisen, dass Übertragungen sich unerlaubt vom Original entfernen.

Sitchin´s Behauptungen betreffend einen NIBIRU als „Zwölfter Planet“ oder „Heimat der Götter“

Nach diesen Vorarbeiten können wir uns nun Sitchin und seinen Behauptungen zuwenden, die von vielen begeisterten Anhängern geteilt werden.

In der deutschen Fassung eines seiner Bücher [10] hält er auf S. 184 fest, die Sumerer hätten behauptet, „unser System bestehe aus der Sonne und elf Planeten (den Mond mitgezählt), und hielten hartnäckig an der Meinung fest, dass es außer den heute bekannten Planeten einen zwölften in unserem Sonnensystem gibt - die Heimat der Nefilim.“

Diese „Heimat“ war für ihn demnach der „Zwölfte Planet“. Die *Nefilim* sind eine Bezeichnung aus der Bibel, die er erläutert (S. 178) mit „Die auf die Erde hinab geworfen worden sind“.

Kapitel 8 seines Buches überschreibt er mit „Das Königtum des Himmels“. *Marduk,* ein Sohn von *En.ki,* sei irgendwann nach 2.000 v. Chr. in den Stand des „Königs der Götter“ erhoben worden, was ihn gleichzeitig zum „Himmelskönig“ gemacht habe. Sein himmlisches Gegenstück sei der „Planet der Nefilim“ gewesen, der „Zwölfte Planet“, dem Sitchin ebenfalls die Bezeichnung *Marduk* gibt. Sitchin zitiert dabei Übersetzungen aus nicht näher erläuterten Quellen, nach denen alle alten astronomischen Texte diesen „hellen Himmelskörper“ als Mitglied unseres Sonnensystems aufgeführt hätten. Im babylonischen „Epos der Schöpfung“, von uns unter seiner bekannteren und richtigeren Bezeichnung *enuma elisch* geführt, stehe seiner Ansicht nach klipp und klar, dieser Himmelskörper *Marduk* sei ein Eindringling aus dem Außenraum gewesen. Die Sumerer hätten diesen Eindringling auch NIBURU genannt. Das bedeute „Planet des Durchquerens“.

Sitchin behauptet somit Identität zwischen Himmelskörpern namens *Marduk* oder NIBURU/NIBIRU und einem „Zwölften Planeten", den er auch „Heimat der Götter" nennt. Dieser Himmelskörper sei ein aus dem „Aussenraum" gekommener „Planet" gewesen, der in der Jetztzeit wieder zeitweilig in den „Aussenraum" verschwunden sei. Er will in seinen Quellen sogar Perigäum = Sonnennächsten Punkt und Apogäum = Sonnenfernsten Punkt einer Umlaufellipse für diesen „Planeten" entdeckt haben.

Bei Sitchin heißt der behauptete „Planet" teils NIBIRU, teils NIBURU. Wo er diese Schreibweisen genau her hat, wissen wir nicht. Im Keilschrift-Original des *enuma elisch* ist weder die eine noch die andere von ihm behauptete „Planeten"-Bezeichnung zu entdecken. Der Leser möge sich aber bitte nicht von seiner Schreibweise oder den verschiedenen Wortformen beeindrucken lassen, die da und dort bei anderen Autoren zu finden sind. Ob NIBURU oder, wie teilweise in der wissenschaftlichen Umschrift, *né-bé-ru* oder anderswo NI.BI.RU oder Nebiru oder so ähnlich, immer ist von ihnen etwa das Gleiche gemeint. Doch hat der Eine diese Vorstellung von dem Dahinterstehenden und der Andere eine andere. Übersetzen ist halt schwierig. Wir werden sehen ...

Mit der nachfolgenden Analyse alter Texte besagen wir nur, dass **in ihnen** im Gegensatz zu den Behauptungen Sitchins - und seiner Adepten - kein „Zwölfter Planet" namens NIBIRU zu finden ist, der einst aus dem Aussenraum gekommen sein könnte und jetzt dort auf seine Rückkehr in unser Sonnensystem angeblich wartet. Dabei werden als Nebeneffekt zusätzlich Sitchins Angaben betreffend die angebliche Dauer des Umlaufs und andere Bahndaten ad absurdum geführt.

Indessen soll nicht verschwiegen werden, dass man immer wieder von Vermutungen oder behaupteten Beweisen des einen oder anderen Astrophysikers hört, „da draußen" könne doch „etwas Grosses" auf einer Reise zu uns lauern. Andere schreiben über zwei oder drei „Grosse". Da diese Vermuteten oder Behaupteten sich aber angeblich in ihrem vermuteten Umlauf den uns bekannten Planeten nicht nähern, können sie nicht als Beweis für den von Sitchin behaupteten Eindringling herangezogen werden.

Diese Vermutungen und Berechnungen zu beurteilen, fehlt uns die Kompetenz. Jedenfalls können umgekehrt die Astrophysiker sich nicht auf Sitchins Angaben berufen, da wir beweisen werden, dass diese nicht haltbar sind …

Sitchin zitiert als **Hauptbeweis** für seine Behauptungen über den Himmelskörper mit bei ihm vierfacher Bezeichnung in Kapitel 8 seines Buches [10] „aus der babylonischen Fassung der Schöpfungsgeschichte" eine Übersetzung, für die keine nähere Quelle angeben wird. Es kann sich um eine Übersetzung aus dem Englischen ins Deutsche handeln oder um den Rückgriff auf eine der zahlreichen Übersetzungen, die von deutschsprachigen Experten aus einer vielleicht babylonischen oder auch assyrischen Fassung des so genannten „Babylonischen Weltschöpfungsepos *enuma elisch*" gefertigt worden sind. Wie dem auch sei, hier der **angebliche** Originaltext wie bei Sitchin abgedruckt:

Planet NIBURU:

Die Querstraßen des Himmels und der Erde soll er besetzen.
Oben und unten dürfen sie nicht durchquert werden;
sie müssen auf ihn warten.

Planet NIBURU:
Planet, der am Himmel glänzt.
Er nimmt die Mittelstellung ein;
ihm sollen sie Ehre zollen.

Planet NIBURU:
Er ist der, der unermüdlich
mitten durch Tiamat quert.

Sein Name sei Durchquerender –
Er, der die Mitte einnimmt.

Dabei handelt es sich offensichtlich um einen - wie wir beweisen werden - eindeutig fehlgeschlagenen Übersetzungsversuch eines unbekannnten Autors aus einer **unbekannten** Fassung der Tafel VII des Epos und zwar für die Zeilen 124 – 129. Wir formulieren deshalb so vorsichtig, weil es **das** *enuma elisch* nicht gibt. Die Archäologen haben inzwischen lediglich eine Vielzahl von Bruchstücken und Varianten gefunden, die auf neubabylonische, altassyrische und neuassyrische Sprachfassungen hindeuten.

Quelle [11], AOAT 375, hat das große Verdienst, den neuesten Stand der Forschung Weltgeltung heischend zusammenzufassen. Sie bringt aus den verfügbaren neubabylonischen, altassyrischen und neuassyrischen originalen Textstücken für alle bekannten Zeilen jeweils untereinander die wichtigsten abc-Umschriften der gefundenen Keilschriftzeichen. Die Spezialisten nennen diese Form der Darstellung eine „Partitur".

Es darf angesichts der unterschiedlichen Originaltexte und der im Zeitverlauf fortschreitenden Kenntnis der alten Sprachen nicht erstaunen, dass es eine Vielzahl von mehr oder weniger stark abweichenden Übersetzungen in zahlreiche moderne Sprachen gibt wie in Deutsch, Englisch, Französisch, Italienisch usw.

Sitchin ist nun aber auf eine grundsätzlich falsche Übersetzung der von ihm ausgewählten Passage hereingefallen. **Alle** bisherigen Übersetzungen dieser Stelle sprechen von einem **„Stern"** Neberu (oder etwas ähnlich Klingendem). Eine der Hauptquellen der Fehldeutung ist wahrscheinlich eine **deutsche Übersetzung einer neuassyrischen Fassung durch Professor von Soden [12]**, die wir anschließend vorstellen. Wie beide Übersetzungen zu bewerten sind, mag der Leser selbst beurteilen, wenn er das nachfolgende Kapitel verdaut hat. Die Bearbeitung durch Prof. von Soden hat auf alle Fälle den kleinen Vorteil zu sehen, dass die bei Sitchin fehlende Zeile 130 einen wesentlichen Bestandteil der betreffenden Stelle darstellt. Die Hervorhebung des Wortes „Stern" ist durch uns erfolgt.

- *Nebiru soll die Übergänge von Himmel und Erde besetzt halten,*
- *denn droben und drunten fragt jeder, der den Durchgang nicht findet, immer wieder ihn.*
- *Nebiru ist sein* **Stern**, *den sie am Himmel sichtbar werden ließen:*
- *er fasste Posten am Wendepunkt, dann mögen sie auf ihn schauen*
- *und sagen: „Der die Mitte des Meeres (Tiamat) ohne Ruhe überschreitet, sein Name sei Nebiru, (denn) er nimmt die Mitte davon ein".*

Die Bahn der Sterne des Himmels sollen sie (unverändert) halten.

Da von Soden den bei Encheduanna berichteten vorgeschichtlichen Hintergrund der Zeilen 124 – 130 von *enuma elisch* nicht kannte und deshalb trotz größter Sorgfalt nicht beachten konnte, hat er wörtlich zu übersetzen versucht - mit all den Fußangeln, die immer wieder bei Übersetzungen alter Texte auftreten, bei denen man von der gedanklichen Herkunft nichts versteht …

Wir stellen nachfolgend neben den ausdrücklich gekennzeichneten Stellen so nebenbei und ohne weiteren Hinweis eine ganze Reihe von Übersetzungen richtig, die Vertreter der NIBIRU-These hier und da als behaupteten Beweis einfließen lassen - ohne zu wissen, dass sie fehlerhaft sind.

Vorher wollen wir nur noch ausdrücklich als abschreckendes Beispiel Sitchins Behauptung untersuchen, er habe Apogäum und Perigäum eines „Planeten" NIBIRU im *enuma elisch* gefunden. Er unterstreicht, diese Punkte kämen als *AN.UR = Himmelsbasis* und *E.NUN = Wohnung des Herrn* vor. Erstens sind die von ihm vorgestellten Übersetzungen vom Sinn her falsch. *AN.UR* ist eindeutig ganz gewöhnlich der *Horizont* und *E.NUN* meint *Tempel an der Hinfahrstruktur*. Zweitens entdeckt man, dass die von ihm als angeblicher Beweis zitierten vier Zeilen in Wirklichkeit die Zeilen 141 – 145 der Tafel IV des *enuma elisch* sind. Deren Inhalt aber hat gemäß AOAT 375, Quelle [11], nicht viel mit der präsentierten Übersetzung und den darauf beruhenden Mutmaßungen zu tun …

Tafel 4: Original der Quelle vieler Irrtümer – Professor von Soden:

Neue Bruchstücke zur sechsten und siebenten Tafel des Weltschöpfungsepos Enūma eliš.

Von **Wolfram von Soden**-Berlin.

Aus den bisher veröffentlichten Tafelbruchstücken konnte der Text der 6. und noch mehr der der 7. Tafel von Enūma eliš bekanntlich nur erst sehr unvollständig gewonnen werden; die z. Z. letzte Bearbeitung des Epos durch R. LABAT[1] läßt das ebenso deutlich erkennen wie die 2. Ausgabe des zusammengestellten Keilschrifttextes von A. DEIMEL[2]. Erfreulicherweise erlauben es neu bekannt gewordene Bruchstücke, heute den Text der 7. Tafel zum größten Teil wiederherzustellen und den der 6. Tafel in wesentlich verbesserter Gestalt vorzulegen. Es handelt sich dabei einmal um die Stücke Assur 11 600 b und e, von denen ersteres nur durch die stark verkleinernde Photographie Ass. 2551 (Abb. 1) bekannt ist; auf ihm sind große Teile der Verse 1—28 und 137—166 der 6. Tafel erhalten[3]. Ass. 11 600 e findet sich auf derselben Assurphotographie und außerdem in weit größerem Maßstab auf Photo K. 330/1 (Abb. 2 und 3), das allerdings einige seither abgebröckelte Stücke der Tafel nicht enthält; durch diesen Text lernen wir endlich den mittleren Teil der 7. Tafel kennen (Vers 41—128), von dem vorher nur geringe unzusammenhängende Bruchstücke vorlagen. Zu diesen beiden Assurtafeln, von denen eine brauchbare Ausgabe noch fehlt[4], kommen jetzt noch zwei kleinere neubabylonische Bruchstücke, die im Winter 1938/9 bei den deutschen Ausgrabungen in Uruk aufge-

---

[1] Le poème babylonien de la création (Paris 1935). Die älteren Bearbeitungen sind dort verzeichnet.

[2] „Enuma eliš" sive epos babylonicum de creatione mundi. Editio II (Rom 1936).

[3] Meine Verszählung der 6. Tafel habe ich bereits in ZA 40, 168 f. begründet; die von Z. 98 ab abweichende Verszählung LABATS füge ich jeweils in Klammern bei.

[4] Die sachliche und menschliche Beurteilung von MAOG XII 4 kann getrost den Fachgenossen überlassen werden.

Fehlerhafte Übersetzungen der angeblichen NIBURU-Zeilen von *enuma elisch* führen in die Irre

Marduk – ein *Dingir* Tausende von Jahren vor *enuma elisch*

Sachgerecht kann eine Interpretation der fraglichen Stelle nur dann vorgenommen werden, wenn man weiß, wer der in *enuma elisch* besungene *Marduk* wirklich war.

Dieser *Marduk* ist in *enuma elisch* **nirgendwo, wir wiederholen, nirgendwo** als Himmelskörper gekennzeichnet, sondern **immer** mit einem Determinativ, das ihn gemäß normaler wissenschaftlicher Meinung als „Gott" ausweist.

Zunächst einmal: *Marduk* war kein „Gott", sondern, wie wir anschließend sehen werden, ein schon von der Priesterfürstin Encheduanna lange vor *enuma elisch* in ihren „Tempelhymnen" beschriebenes Mitglied der *Dingir*-Besatzungstruppe, einer der „Entscheider die sich mit Flugapparaten bewegen".

Auch die akademische Forschung ist sich grundsätzlich einig, diesen *Dingir* benannten die Sumerer zu ihrer lange vor Babylon liegenden Glanzzeit mit *Asar-lu*$_2$*-chi.* Diese moderne Lesung entspricht indessen einer **Konvention** und ist wissenschaftlich nicht haltbar, da es für Sumerisch kein Keilschriftzeichen *asar* oder, als Wortzeichen, *ASAR* gibt. Deshalb führt auch die auf Wortzeichen abstellende abc-Umschrift *ASAR.LU*$_2$*.CHI* in AOAT 375, Tafel VI, Zeilen 101,147 und 151 [Quelle 11] in die Irre. *AS.AR.LU*$_2$*.CHI* ginge stattdessen gedanklich (s.u.) in die richtige Richtung – so wie denn auch, mit Wortzeichen auf Tontafeln geschrieben, richtig zu finden ist *URU-xIGI.LU*$_2$*.CHI.*

Die auch heute noch publizierte gängige Sumerologenbehauptung, bei dieser Persönlichkeit habe es sich ursprünglich um einen *„unbedeutenden Lokalgott"* gehandelt, lässt sich indessen nicht länger halten. Wir haben den tatsächlich erstgeborenen Sohn des tatsächlich erstgeborenen Sohnes *En.ki* des Obersten *An* der *Dingir* vor uns! Rechtlich gesehen hatte aber gemäß dem Erb-Kodex der *Dingir* sein Vater *En.ki/E.a* kein Erstgeburtsrecht, da ihm diesen Rang *En.lil* weggenommen hat, weil dieser der erste von *An* mit einer Halbschwester gezeugte Sohn war. Doch war die Mutter des *Asar-lu$_2$-chi* (wir bleiben um des Verständnisses willen bei der konventionellen Schreibung) die tatsächlich erstgeborene Tochter des *An,* ebenfalls ohne Erstgeburtsrecht, da von *An* nicht mit einer Halbschwester gezeugt.

Uns ist abgesehen von politischen Überlegungen kein alter Text bekannt, der das zeitverzögerte Hervortreten von *Asar.lu$_2$.chi* = *Marduk* im Kult der Babylonier und Assyrer ausreichend erklärt, doch dürfte dies irgendwie auch mit diesen Erstgeburtsfragen und daraus resultierenden Rangkämpfen zusammenhängen.

Die wohl zutreffendste Darstellung dieser Persönlichkeit in sumerischer Sprache findet man in Tempelhymne Nr. 10 der Encheduanna.

An Hand einer ganzen Reihe von Varianten der Bezeichnung dieses *Dingir* haben wir in [6] vor einigen Jahren bei diesem Tempelbericht Nr. 10 die Bedeutung *Betreuer des Weisungsnetzes* abgeleitet. Mit dem angesprochenen *Weisungsnetz* (richtig geschrieben *AS.AR)* ist die bereits in der allerersten Zeile der Tempelhymnen-Sammlung aufscheinende umfassende Sprechfunkverbindung zwischen der Raumstation *„Himmel"* und der Erde gemeint, konkret auch als *AB.ZU* , d.h. *Quell des Wissens/Fenster zum Wissen*, bekannt.

Indessen haben wir vor lauter Varianten damals den letzten Teil seiner Benennung nicht zu klären gewagt, weil das *CHI/chi* uns Rätsel aufgab. Es konnte nicht, wie sonst manchmal zutreffend, *bearbei-*

ten/produzieren bedeuten, aber auch nicht *Süßes/etwas Gutes*. Wir hatten auch noch in einer alten Wörter-Liste *Blitz/blitzen/Strahl/strahlend* oder so ähnlich gefunden, haben dies damals aber ungenutzt gelassen. Den letzten Schritt zu gehen wagen wir jetzt, nachdem wir viele Beispiele kennen gelernt haben, bei denen die Sumerer mit ihrer ungeeigneten Sprache technologische Begriffe umschrieben haben. *Blitze/Strahlen* setzen elektrische Spannung voraus, ein iteratives Kommunikationsgerät mit dem Weltall ebenfalls *Elektrizität* und *Elektronik*.

Wir hätten damals auch festhalten können, *ASAR.LU$_2$.CHI* sei der *Betreuer der Elektrizität/ Elektronik des Weisungsnetzes* gewesen.

Nach den inzwischen in [7] belegten ursprünglichen Aussagen des Wortzeichens *NUN*, die von dem **konventionellen** *Fürst/fürstlich* zum Teil doch recht stark abweichen, kann man jetzt noch einen Schritt weiter gehen. In einigen gefundenen Namensvarianten des Besprochenen und insbesondere in Zeile 144 von Encheduannas Tempelhymne Nr. 10 taucht nämlich dieses Wortzeichen *NUN* auf. Wenn man dies beachtet, dann war er *„Der Verantwortliche /Betreuer für die Elektrizität/Elektronik des Weisungsnetzes an der Hinfahrstruktur"*. Mit dem letztgenannten Begriff ist der in alten Texten ersterwähnte Hauptlandeplatz der *Dingir* gemeint, Eridu in Sumer.

In Zeile 138 der gleichen Tempelhymne wird er dann noch *„Herr des rotglühenden Gefährts"* genannt, des Zubringer- und Landeschiffes aus dem *„Himmel"*, das ansonsten neben anderen Bezeichnungen - wie weiter vorne erwähnt - bei Encheduanna auch *„Licht"* heißt oder *„gasgetriebener Aufsteiger"* oder *„Glänzer" u.s.w.* Mit diesem *„wird er nicht überdrüssig, immer wieder zufrieden aufzusteigen"*.

Und dann kommt in Zeile 141 eine Bemerkung, die wir selbst ursprünglich nicht voll gewürdigt haben und erst jetzt richtig beurteilen können. *„Der als Befehlsgeber der Hinfahrstruktur bekannte Held dämpft beim Glänzer /Leuchtenden das Glühen/den Feuerschein "*. Dabei ist *„Glänzer/Leuchtender"*, wie eben betont, nur ein auch sonst von

Encheduanna oft benutzter anderer Ausdruck für das Zubringerschiff. Begreift man das *Dämpfen (BI) des Glühens/des Feuerscheins (NI)* als eine *Fähigkeit* (*RU*) des *„Befehlsgebers der Hinfahrstruktur“*, **dann ist dieser mit einer anderen sumerischen Keilschrift-Schreibweise – ohne Rücksicht auf die Homophonschreibung – ganz einfach in Keilschrift mit WORTzeichen ein *NI.BI.RU*, d.h. wörtlich, als so genannte Nispe, gleich *„Jemand der das Glühen/den Feuerschein dämpfen kann“*!!!**

Wir fassen die Gleichsetzungen zusammen: der *Dingir Marduk* ist identisch mit dem *Dingir Asar.lu_2.chi* und dieser war ein *Dingir NI.BI.RU.*

Das kann man – genauer und mit den richtigen Homophonen geschrieben – tatsächlich auch als ***NI_2.BI_7.RU_2*** auf Keilschrifttafeln finden.

Konkret trifft man aber stattdessen **später** Schriftzeichen, die modern in abc-Umschriften aus dem **späteren** Babylonischen/noch späteren Assyrischen **mit inzwischen anderer sprachlicher Bedeutung** als *né-bé-ru/né-bi-ru* oder ähnlich gelesen werden. Denn das besagt in diesen anderen Sprachen etwas ganz Anderes.

Dort meint dies stattdessen *überqueren* und damit zusammenhängend *Überquerung/Kreuzung/Furt/Fähre/Fährboot* usw. Damit wird ein *Dingir Né-bi-ru*, da man die Bezeichnung auch in diesen Sprachen als Nispe begreifen muss, auf Assyrisch/Babylonisch zu einem, wörtlich (!), *„Dingir von der Furt/Dingir mit der Fähre“*.

Sachlich besteht trotz der unterschiedlichen sprachlichen Bedeutungen der beinahe gleich klingenden Bezeichnungen kein Unterschied. Einerseits ist der besprochene *Dingir* Herr des Gerätes, andererseits bedient er es.

Die babylonischen Priester sind für ihre Wortspielereien bekannt. Die alten Verfasser dessen, was uns bisher als *enuma elisch* überliefert worden ist, dürften sich dieser Identitäten bewusst gewesen sein. Für die Übertragung alter geistig verwandter Texte in eine moderne Sprache müssen wir heute den Gleichsetzungen auf alle Fälle Rechnung tragen.

Wenn wir anschließend aus [11] die abc-Umschrift von einzelnen Zeilen übernehmen, bringen wir nicht alle Unterzeilen der komplizierten „Partitur", sondern verdichten die dort zitierten Fassungen der Übersicht halber jeweils zu einer einzigen Linie, in die wir selbstverständlich wichtige Alternativen mit Querstrichen abgetrennt integrieren.

Was *enuma elisch,* Tafel VII, Zeilen 124 - 130, wirklich berichtet

Nachfolgend wird für die einzelnen Zeilen jeweils die abc-Lesung der Keilschrifttafeln zitiert, die – teils mit Varianten – aus Quelle [11] als idealisierter Komposittext herausdestilliert werden kann.

Bevor man mit einem weiteren Übersetzungsversuch beginnt, muss man sich daran erinnern, dass im „Weltschöpfungsepos" viel weiter vorne in Tafel VI, Zeile 121 der Beschluss verkündet worden ist, man wolle die 50 **Namen des *Dingirs*** nennen, dem kurz vorher gemäß Zeile 99 die *Königsherrschaft über alle anderen Dingir übergeben worden war.*

Bei ihm, ***Marduk,* laut Zeile 101 des *enuma elisch* auch gleich *Asar.lu$_2$.chi,* handelt es sich somit ohne jeden Zweifel um eine leibhaftige *Dingir*-Persönlichkeit** aus Fleisch und Blut, **niemals jedoch um ein Himmelsobjekt**, für das anschließend im Epos vielfältige Bezeichnungen gebetsartig zelebriert werden sollen.

Die Zeilen 124 bis 130 der Tafel VII bringen die neunundvierzigste und damit vorletzte Titulierung dieser Persönlichkeit. Diese kann ebenfalls keineswegs mit der Bezeichnung eines Himmelskörpers NI.BI.RU verwechselt werden - wie es bisher bei Übersetzungen grundsätzlich und falsch geschehen ist. Im *enuma elisch* findet man in der Tat gemäß der auf erste Sicht vertrauenswürdigen Umschrift von Quelle [11] immer nur ^{d} *né-bé-ru* oder ähnlich Klingendes - wegen dem Determinativ-Zeichen ^{d} also eindeutig einen *Dingir.* Nirgendwo ist ein „Planet NIBIRU" wie bei Sitchin oder „Stern Nébéru" wie bei Prof. von Soden zu entdecken.

> Z 124: ^{d} né-bé-ru né-bé/ber-re-et AN-e u KI-tim lu-ú ta-mé-ech-ma

Entgegen der überwiegenden Anzahl der gefundenen Übersetzungen ist - wen wundert es noch? - zu beachten, dass am Anfang der Zeile 124 und bestätigend auch der Zeile 126 in der allseits akzeptierten Umschrift keineswegs nur *né-bé-ru* oder *né-bi-ru* steht, sondern dass davor hochgestellt das *Dingir*-Zeichen als $^{d\ oder\ D}$ zu finden ist. Selbst gemäß **konventioneller** Auffassung soll dies andeuten, dass ein „Gottes"-Name folgt und keine Sternenbezeichnung. Wegen der hier am Anfang gebrachten Zusammenfassung der „Tempelhymnen" der Encheduanna weiß der Leser, dass damit *Dingir*-Persönlichkeiten gemeint sind, *DI.IN.GIR, Entscheider, die sich mit Flugapparaten bewegen.* Wer die so angesagte *Dingir*-Persönlichkeit war, wurde einleitend erläutert.

AN = „Himmel" steht bei unseren nachfolgenden Übersetzungen in Anführungsstrichen, damit die bei Encheduanna mit dieser Bezeichnung zu findende Raumstation (s.o.) nicht mit dem blauen oder bewölkten Firmament verwechselt wird.

In einem **Wortspiel** folgt nach dem *Dingir*-Namen im Original *né-bé-re-et*, womit dann erneut *„die Furt"* / *„die Fähre"* / *„ die Übersetzmöglichkeit"* / *„die Passage"* angesprochen wird. Zu beachten ist, dass der erstgenannte und damit Anfangspunkt *AN* der *„Passage/Furt"* gemäß übereinstimmendem Originaltext wörtlich *im/am „Himmel"* liegt.

In AOAT 375 ist folgende Übersetzung zu finden, wobei im Gegensatz zu der von NIBIRU-Anhängern zitierten Fassung kein „Planet NIBIRU“ zu sehen ist:

Neberu möge die Übergangsstellen von Himmel und Erde ergriffen halten;

Unsere Übersetzung trägt dem erwähnten **Wortspiel** Rechnung. Dabei soll mit „besetzt/ergriffen halten“ offensichtlich so etwas wie „dich kümmern um“ bedeutet werden:

> **Z 124: Als „Dingir mit der Fähre“ sollst du die Übersetzmöglichkeit/Passage zwischen „Himmel“ und Erde besetzt/ergriffen halten.**

> Z 125: e-lish ù shap-lish la ib-bi-ru li-qé -u-shú shá-a-shu

AOAT 375 meint:

Oben und unten sollen sie nicht hinübergehen, sie mögen auf ihn warten;

Wir ziehen, weil näher am Original, vor:

> **Z 125: oben und unten ruft jeder, der die „Furt“/den „Pfad“/die „Passage“** (zwischen „Himmel“ und Erde) **nicht findet, immer wieder nach ihm** (sinngemäß eher: **nach Dir).**

> Z 126: d né-bé-ru MUL-shú shá ina AN-e ú-shá/sha-pu/ú

Da ausdrücklich *MUL* in der modernen Umschrift erwähnt wird, dürfen wir davon ausgehen, dass zumindest auf einigen Tontafeln an dieser Stelle das alte sumerische Wortzeichen zu finden ist, das ursprünglich aus drei Sternchen gebildet wurde. Das wird – wie eingehend erläutert – oft von Altorientalisten einengend wie auch hier als *Stern* übersetzt. Es meint jedoch genau genommen *sprinkeln/Sprinkelndes* und damit **jedes** *Himmelsobjekt,* das *glänzt/sprinkelt.* Wer frägt, was damit gemeint sein kann, findet die Antwort in den Tempelhymnen der Encheduanna. Dort wird die *„Fähre"*, um die es hier ja geht, immer wieder als *„Licht/Glänzer/Leuchtendes"* usw. dargestellt.

AOAT 375 vergisst auch hier, dass vor *né-bé-ru* das hochgestellte Determinativzeichen ^{d} vermerkt ist, das eindeutig auf einen *Dingir* hinweist. Wenn als Übersetzung unwissenschaftlich trotzdem angeboten wird

Néberu ist dein/der Stern, den er am Himmel hat erscheinen lassen,

dann kommt zumindest kein „Planet NIBIRU" daher wie bei Sitchin. Wir finden, indem wir den Namen des *Dingirs* übersetzen, dass die *„Fähre"* sichtbar wird.

> **Z 126: Oh „Dingir von der Passage/von der Übersetzmöglichkeit/mit der Fähre", dein „Sprinkelndes"/ dein leuchtendes Himmelsobjekt erscheint am Firmament.**
>
> Z 127: lu-ú sa-bit kun-sag-gi shu-nu shá-a-shu lu-ú pal-su-shu/shú

Zeile 126 endet mit dem Auftauchen von *MUL= dem Sprinkelnden* des angerufenen *Dingirs Né-bi-ru,* wobei *MUL* das Himmelsobjekt *„Fähre"* gleich *„Licht"* ansagt. Dieses kommt in Z 127 gemäß [11] zu einem *kun-sag-gi.* Für den Sumerisch-Kenner wurde dieser Ausdruck ursprünglich ohne Verdoppelung von g/G mit Wortzeichen *KUN.SA.GI* geschrieben. Das stellt wörtlich auf Sumerisch ein *„Stilllegungsendstück zum Wenden"* vor. Demnach liegt der Startpunkt des *„Fährbootes"* - wie oben schon abgeleitet - an der Raumstation *„Himmel"* und der klar umschriebene *„Stilllegungs-Wendepunkt"* auf der Erde.

Platz nimmt im Originaltext zudem nicht „er“ = der *Dingir Né-bi-ru,* sondern ein „es“, das *„Sprinkelnde“*. Dass im zweiten Teil der Zeile 127 nicht von diesem Himmelsgefährt als Verehrungsgegenstand gesprochen wird, sondern von seinem Lenker, geht aus dem Inhalt der Zeile 128 und Zeile 129 hervor.

Für Professor von Soden war in seiner oben zitierten Übersetzung von Zeile 127 statt des aus dem Sumerischen kommenden *„Stilllegungsendstückes“* das von ihm in einer neuassyrischen Fassung gefundene Wort *muchri* maßgebend. Professor von Soden erwähnt Kollegendiskussionen zu diesem Begriff und setzt seine Version „Wendepunkt“ noch in Anführungsstriche. Ein anderer Kollege will dafür „Vergangenheit und Zukunft“ erkannt haben, ein Dritter eine „himmlische Leiter“??? Wissenschaftler …

AOAT 375 kommt zu:

Er möge die Bahnwendepunkte ergriffen halten, sie auf ihn, sie mögen auf ihn schauen.

Wir kommen stattdessen zu:

Z 127: Wenn es am „Stilllegungsendstück zum Wenden“ (= dem „Wendepunkt“) Platz genommen hat, dann sollen alle auf ihn schauen/alle ihn verehren,

Z 128: chi- ma-a shá qer-bish ti-amtu i-te-eb-bi-ru la na ish

Unter den Fachgelehrten ist an dieser Stelle heftig gestritten worden. Einerseits ging es darum, ob *ti-amat* oder *ti-amtu* zu lesen ist, andererseits ob damit eine „Göttin“ gemeint ist oder – man stelle sich den Interpretationsversuch genüsslich vor – das „Meer, das um die Erdscheibe herum fließt“ [11, S. 394]. Das kann uns gleichgültig sein, da der *Dingir Né-bé-ru,* um den es sich hier eindeutig handelt, mit seiner *„Fähre“* **bestimmt keine „Göttin“ durchbohrt (!) und auch nicht auf einem wässrigen Meer herumkreuzt, das angeblich die**

Erdscheibe umfließen soll. Wir halten uns für den umstrittenen Begriff an die später von uns abgeleitete sumerische Aussage *TI.A.MA.TUM = Wer/Was geeignet ist zum Fließen des Lebenssamens.* In besserem Deutsch ist das *„das lebenspendende All"*.

Ausserdem steht im Original nicht *qer-bi* sondern *qer-bish*. Damit stoßen wir nicht, wie sonst - Schlamperei! - oberflächlich **konventionell** behauptet, auf eine „Mitte" oder „mittleren Teil" sondern auf *nahebei* oder *in der Nähe*. Gemeint ist daher der der Erde *nächstliegende* Teil von *TI.A.MA.TUM = des lebenspendenden Alls.*

AOAT 375 kommt wegen seiner ideologisch verkorksten Deutungen und dem in Zeile 126 angeblich entdeckten „Stern" zu:

Der die Mitte Tiamtus (bzw. des Meeres) immer wieder durchschritten hat ohne zu ruhen;

Wir halten stattdessen fest:

Z 128: und sagen: Wer in Erdnähe „Das zum Fließen des Lebenssamens Geeignete" (= das lebenspendende All) ohne zu ruhen/immer wieder durchquert ...

Z 129: shum-shu lu-ú ^{d} né-bé-ru a-chi-zu qer-bi-shu

Auch hier ist wieder das hochgestellte Determinativ ^{d} für *Dingir* zu beachten, weshalb keinesfalls ein Hinweis auf einen seit Zeile 126 mitgeschleppten „Stern" oder wie bei Sitchin auf „Planet NIBIRU" zutreffen kann. Zudem steht jetzt tatsächlich im Original *qer-bi = des mittleren Teiles.*

AOAT 375:

Sein Name sei Neberu, der die Mitte davon Einnehmende;

Wir sprechen bei unserer Bearbeitung mit dem zweiten „**dessen**" rückbezüglich das *All in Erdnähe* an und bleiben auch sonst im Kontext mit:

Z 129: ... dessen Name sei Dingir *Né-bi-ru* (= „Dingir mit der Fähre"), der dessen mittleren Teil besetzt/einnimmt.

Z 130: shá MUL.MESH shá-ma-mi al-kàt-su-nu li-ki-il-lu/li-kil-lu/ li-kil/kin-ma

MESH zeigt für das vorhergehende Subjekt normalerweise die Mehrzahl an. Dies kann vom Kontext her hier nicht zutreffen. So gibt es denn auch eine Keilschrift-Variante, bei der das *MESH* fehlt. Das macht Sinn, weil dann *MUL shá-ma-mi* zu lesen und zu übersetzen ist.

AOAT 375 aber weiß nicht, ob man einen „Stern" sehen soll oder sogar viele „Sterne" und kommt zu:

Die Wege des Sterns/der Sterne des Himmels möge er einhalten/dauerhaft machen.

Z 130: Die Bahn seines „Sprinkelnden"/seines Himmelsobjektes am Firmament möge er dauerhaft machen.

Fazit: Von einem Planeten NIBURU/NIBIRU oder gar einem „Zwölften Planeten"/„Heimat der Götter" ist an dieser von Sitchin als grundlegend angesehenen Fundstelle nun wirklich nichts zu entdecken. Hier wird der leibhaftige *Dingir Marduk* zum neunundvierzigsten Mal mit wieder einer anderen Bezeichnung verehrt. Bei dem angesprochenen *MUL* = *„Himmelsobjekt"* der so besungenen *Dingir*-Persönlichkeit handelt es sich um das *„Licht"*, die *„Fähre"* zur Raumstation *„Himmel"* der *DI.IN.GIR*, der *„Entscheider, die sich mit Flugapparaten bewegen"!!!*

Eine Vorfassung der Übersetzung, auf der dieses Ergebnis beruht, wurde unter dem 07.03.2015 den beiden Herausgebern von AOAT 375 [11] mit der Frage vorgelegt, ob diese Neuübertragung von ihnen **vom Sprachlichen** her als erlaubt angesehen werden kann. Da keine Reaktion erfolgte, wurde einem der Herausgeber dann unter dem

28.04.2015 mitgeteilt, man müsse sich - um weiter arbeiten zu können - ab Mitte Mai 2015 ohne gegenteilige Reaktion die Freiheit nehmen anzunehmen, *„dass weder von der Grammatik noch von den Wortbedeutungen her"* **aus seiner Sicht** Fehler vorliegen. Es gab keine Reaktion …

Und doch eine Reaktion unsererseits: Wir mussten danach noch nachbessern, weil wir später mit *TI.A.MA.TUM* den **konventionellen** Unsinn betreffend *ti-amtu* oder so ähnlich erkannt haben und weil wir die wissenschaftlich unverzeihliche Schlamperei von [11] betreffend *qer-bi* und *qer-bish* ausräumen konnten!!!

Eine weitere Bemerkung möchten wir uns nicht verkneifen. Quelle [11] zeigt selbst auf, dass es im babylonischen Raum uralte Kommentare zu *enuma elisch* gegeben hat. In Fußnote 9 auf S. 306 wird aus einem alten Kommentar zu Tafel VII als anderer *Marduk*-Name *IR*$_5$*(CHAR)* aufgelistet. *CHAR = KAR = Aufsteiger* und *IR*$_5$ = *stinken.* Wenn man die übliche Nispe erkennt, wird daraus *Marduk* = *Der mit dem stinkenden Aufsteiger.* Müssen wir das noch genüsslich erläutern???

******

Gemäß den „Tempelhymnen" benutzt das *„Licht"* einen *existierenden Pfad,* um zur Raumstation zu gelangen. Dieser *Pfad* führt nach den Aussagen der Encheduanna in Richtung *Süden.*

Gemäß *enuma elisch* durchquert die *„Fähre"* bei ihrem Aufstieg zur Raumstation den *Erdnahen Teil des Alls. ASAR.LU*$_2$*.CHI* benutzt bei dieser Befahrung des *Pfades* – wie wir bei Zeilen 128 und 129 gefunden haben – als Aktionsraum *den mittleren Teil* von etwas *in Erdnähe,* bei dem es sich um den *Süd-Horizont* handeln dürfte.

Zeichnet sich da etwas ab?

Was *enuma elisch*, Tafel V, Zeilen 5 – 8, wirklich berichtet

Wenden wir uns nun der einzigen anderen Stelle zu, an der so etwas wie ein *„Neberu"* auf den Tontafeln aufscheint, die zu *enuma elisch* zusammengefügt worden sind. Man findet sie in Zeile 6 der Tafel V. Was in dieser Linie angesprochen wird, ist Teil einer 5 Zeilen langen Aussage. Wir bringen Tafel V erst jetzt nach Tafel VII, weil man die Stelle in Tafel V nur dann richtig verstehen kann, wenn man vorher in Tafel VII die Zeilen 124 – 130 **sprachlich und gedanklich** erfasst hat.Wie bei Tafel VII verdichten wir die Tontafelvarianten jeweils zu einer Art Komposittext.

Für Zeile 5 ändern wir die in AOAT, Band 375 [11], S. 228, präsentierte Übersetzung nur leicht, um den Zusammenhang sprachlich klarer herauszuarbeiten. Kurz vorher war nämlich in Zeile 2 die Zusammenstellung von **Sternbildern** angesprochen worden. Die in Zeile 5 bisher übersetzten „**Zeichnungen**" sind als diese kurz vorher erwähnten Stern**bilder** zu begreifen. Mit „er" ist dabei vorhergehenden Stellen entsprechend hier *„der Herr der Götter" = Dingir Marduk* gemeint. Daher:

> Z 5: ish-tu U4-mi sha MU.AN.NA us-si-ru i-na ú-su-ra-ti
>
> **Nachdem er die Tage des Jahres zu (Stern-) Bildern gezeichnet hatte,**

Die „Partitur" der Zeile 6 ist leicht verwirrend, da zwei Versionen vorliegen, die zudem recht lückenhaft sind. Man kann jedoch wie folgt zusammenfassen:

> Z 6: ú-shar-shid man-za-za/man-za-az ^{d} né-bé-ri ana ud-du-u rik-si-shú-un

In AOAT 375 wird – als modernstes wissenschaftliches Ergebnis präsentiert – übersetzt mit: *gründete er den Standort von Neberu, um ihre Bänder zu bestimmen*.

Dabei wird bezüglich der „Bänder" in einer Fußnote 5 erläutert, es handele sich um „Bänder zur Fixierung der Abstände zueinander". Vom Zusammenhang her wären gemäß AOAT daher seltsam anmutende Bänder für Abstände zwischen Zeichnungen für die Tage des Jahres zu verstehen.

Bänder für Abstände??? Wie bitte??? Was soll das???

Zudem wird *Neberu* trotz des in den Originalen vorhandenen *Dingir*-Determinativs auch hier von der **konventionellen** Wissenschaft als „Stern" gesehen, wie eine Bemerkung in [11] auf S. 393 zu dieser Zeile glasklar festhält.

Ferner muss man die **Konvention** hinterfragen, *man-za* bedeute *„Stand**ort**"*. *man-za* heißt wörtlich *„wo das Eigentum/wo das Zugehörige/wo das **Gebiet** (ist)"* und bezeichnet damit ein Gebiet oder einen **Raum** und nicht nur punktuell einen *„**Ort**"*.

Das in der abc-Umschrift alternativ angehängte *-za/-az* wird dabei bisher als Genitivhinweis auf einen behaupteten „Stern" *Neberu* aufgefasst. Für die soeben von uns bereits belächelte seltsame Begründung von *Band/Bänder* wird man auf S. 390 dann noch darauf verwiesen, dass damit *Scheiben/Schichten* gemeint sein könnten, die Teile des Universums zusammen halten. Seltsame Logik: *Scheiben/Schichten* könnten Teile des Alls vielleicht unterteilen, niemals aber zusammen halten??? Wir kommen stattdessen vorläufig wörtlich zu:

Z 6: bestimmte er, wo der Raum/das Gebiet des *Dingirs Né-bé-ru* ist,

(vorläufig:) um (wir ergänzen: im Verhältnis dazu) ihre Bänder festzulegen.

Diese Neuübersetzung geht in Übereinstimmung mit dem Rest von *enuma elisch* und der von der Wissenschaft selbst gelieferten abc-

Umschrift erstens davon aus, dass kein Stern vorliegt, sondern eine *Dingir*-Persönlichkeit.

Zweitens wird von uns beachtet, dass der *Dingir Né-bé-ru* sich nicht als Person am Firmament bewegen kann. Gemäß Zeile 138 der Tempelhymne Nr. 10 ist er dafür bekannt, sich immer wieder eines *„rotglühenden Gefährtes"* = der *„Fähre"* zum Wiederaufstieg bedient zu haben. Daher ist sein *Gebiet/sein Raum* der vom *„Licht"*/der *„Fähre"* befahrene dreidimensionale *Raum.*

Drittens soll das im Keilschriftoriginal zu findende rückbezügliche Fürwort „**ihre**" die Beziehung zu den in der Vorzeile gemeldeten **Sternbildern** herstellen. Daher wäre eine freiere Übersetzung besser. Wie man bald sehen wird, geht es darum, im Verhältnis zu dem von der *„Fähre"* befahrenen *Raum* die vorerwähnten Sternbilder in *Bänder* einzuordnen. Die ganze Zeile daher bei uns:

> **Z 6: bestimmte er, um die Bänder der Sternbilder festzulegen, wo der Raum/das Gebiet des *Dingirs Né-bé-ru* (= des *Dingirs mit der Fähre*) ist**

Auch diese Zeile kann daher nicht zum Beweis für die Erwähnung eines ***Sterns*** NIBIRU oder eines „Zwölften Planeten" herangezogen werden, wie Übersetzer uns bisher selbstbewusst glauben lassen wollen!!!

Worum handelt es sich bei den erwähnten *„Bändern"?*

Am deutlichsten wird dies, wenn wir uns auf die erste der Keilschrifttafeln beziehen, die als *MUL.APIN-* Serie bekannt geworden sind. Es kann von den Zeitumständen und vom Kontext her keinen Zweifel daran geben, dass deren Inhalt den Schreibern von *enuma elisch* bestens bekannt war. Diese Tafeln stammen konkret so wie wir sie kennen - obwohl in Sumerisch verfasst - als Fundstücke alle aus assyrischer Zeit, wobei man sich streitet, ob der älteste Fund 751 oder 686 v.u.Z. geschrieben worden ist. Auch gibt es eine Fachdiskussion betreffend die Zeit und die Bezugsstelle, für welche die Aussagen gelten. Diese Beobachtungszeit und Zeit der Konzeption wird teils mit 1.370 v.u.Z. angesetzt und auf Assur bezogen, teils mit 2.340 v.u.Z. und auf Babylon bezogen. Jedenfalls wird auf der jeweils ersten dieser Tontafeln in sumerischer Sprache der Sternenhimmel **von oben nach unten** in drei *„Wege"* oder *„Bahnen"* = *„Bänder"* eingeteilt.

Tafel 5: Foto der Vorderseite des MUL.APIN-Originals:

Tafel Nr. 86378 im British Museum – Urheber des Fotos unbekannt

Als erstes kommt ein *En.lil*-Weg/*En.lil*-Band mit 33 Himmelsobjekten, dann eine Aufzählung von 23 Himmelsobjekten für einen *Anu*-Weg/*Anu*-Band und schließlich 15 Objekte im so genannten *E.a*-Weg/*E.a*-Band. *Anu* ist dabei der babylonische Name des sumerisch *An* genannten Obersten der *Dingir*, während *E.a* dem sumerischen *En.ki*, dem Vater von *Marduk*, entspricht. Wir unterstreichen, dass das Band des *An* zwischen den beiden anderen Bändern liegt, durch diese demnach begrenzt wird.

Was diese „Bänder, Bahnen oder Wege" tatsächlich bedeuten, beschreibt später hier ein besnderer Abschnitt.

Die nächste Zeile übernehmen wir wie in AOAT 375 übersetzt ohne zu hinterfragen.

Z 7: a-na la e-pesh an-ni la e-gu-u ma-na-ma

Damit niemand Verfehlungen begehe, niemand nachlässig sei,

Es folgt Zeile 8 in der Umschrift zunächst so wie in [11] vorgeschlagen:

Z 8: man-za-az ^{d} ELLIL u ^{d} é-a ú-kin it-ti-shu.

Die dortige Übersetzung lautet:

legte er die Gebiete/Bänder von Dingir En.lil und Dingir E.a mittels „seiner" fest.

Im AOAT 375 wird dazu in einer Fußnote erläutert, unter **„seiner"** sei *Neberu* zu verstehen. Wir sind damit unter einer Bedingung einverstanden. Es muss präzisiert werden, dass die **Bezugsgröße**, wie zu Zeile 6 von uns festgehalten, kein Stern *Neberu* ist sondern das ***Gebiet/der Raum*** dieser *Dinigir*-Persönlichkeit am Firmament, dort wo sie sich mit ihrer *„Fähre = né-bé-ru"* bewegt.

Eine Variante der Zeile 8 der Tafel V von *enuma elisch* nennt indessen in der Aufzählung der bandartig zusammengefassten Himmelsobjekte (= Sternbilder oder Einzelsterne) nicht das unten zu findende Firmament-*„Band“ von E.a,* sondern stattdessen das mittlere *„Band* ^{d}*a-num“* = Band des *Dingirs An*. Wie so oft bei alten Texten steckt in genau dieser Variante die ursprüngliche, schon in Babylonien nicht mehr verstandene Aussage. Daher unsere Übersetzuung auf Basis dieser Variante:

> **Z 8: bestimmte er die Gebiete/Bänder von *Dingir En.lil* und *Dingir An* mittels „seiner“** (d.h. des Gebietes/ Raums von *Dingir Né-bé-ru*)**.**

Von der Serie *MUL.APIN* her wissen wir, dass die genannten Bänder/Wege aneinander grenzten. Mit dieser Variante von Zeile 8 und der obigen Zeile 6 finden wir somit auch als **Fakt** die Erwähnung einer **direkten** räumlichen Beziehung zwischen *„Band/Weg/Raum des An“* und *„Gebiet/Raum des Dingirs Né-bé-ru“* gleich dem *„Gebiet des Dingirs mit der Fähre“*.

Man muss sich bewusst sein, dass all diese Aussagen auf einer Sicht von der Erde aus in den Weltraum beruhen. Dabei sind die Sterne und andere Himmelsobjekte von der Erde aus so zu sehen, als könne man sie auf der Innenseite einer Welthohlkugel abbilden.

Schaun wir doch mal, ob man diese Aussagen andersherum mit Blick aus dem Weltall auf die Erde konkreter bestimmen kann.

Erkenntnisse betreffend die „*Bahn*" der Raumstation „*Himmel*"

Das nachfolgende Kapitel beabsichtigt nicht, astrophysikalische oder raumfahrttechnische Detailaussagen vorzustellen. Es geht nur darum, aus den uralten, vorstehend analysierten Texten abzuleiten, was man eventuell ableiten kann. Dabei werden Annahmen benutzt, die benannt werden.

Der „*Anu*-Weg" der *Dingir*-Raumstation und die ISS

An/Anu als Persönlichkeit kann sich als solche nicht im Weltraum bewegen. Daher muss mit dem in *enuma elisch* und *MUL.APIN* angesprochenen „*Band/Weg des Anu*" eine räumliche Aussage über *An* = „*Himmel*" = Raumstation im Weltraum gemeint sein.

Diese Raumstation konnte gemäß den gefundenen uralten Texten auf einem vorgegebenen „*Pfad*" erreicht werden. Aus drei Gründen schließen wir dabei einen festen Punkt als Ziel des „*Pfades*" aus. Erstens weisen die Keilschriftquellen, wie abgeleitet, auf einen Ziel**raum** hin. Zweitens hätte sie sich geostationär – z.B. auf einem der die Schwerelosigkeit begünstigenden Lagrange-Punkte – wegen 12 oder mehr Stunden direkter Sonnenbestrahlung zu stark aufgeheizt. Auch konnte sie drittens die aus Treibstoffgründen anzustrebende Schwerelosigkeit nur in einer Umlaufbahn mit einer von ihrem Gewicht abhängigen recht hohen Geschwindigkeit erreichen.

Im Übrigen kann eine gedanklich vielleicht naheliegende und uns von dritter Seite vorgeschlagene Positionierung im weit in Sonnenrichtung entfernten so genannten Lagrange-Punkt 1 auch aus anderen Gründen ausgeschlossen werden. Assyrische Quellen melden nämlich für den „*Himmel*" mit einer solchen Positionierung nicht kompatible Sichtungszeiten. Zudem können wir eine derartige **große** Entfernung von der Erde unter Hinweis auf Zeile 231 der so genannten Gudea-Zylinder ausschließen, die wir weiter unten übersetzt haben:

> ***„Hell erscheint, oben platziert, der glanzmetallene Himmelskörper des An,***
>
> ***weit weg seiend produziert er Lärm, er wächst, breitet sich aus und schafft***
>
> ***eine Vorstellung des Reiseweges"*** (= eine Idee betreffend seine Umlaufbahn).

Der *„Himmel"* war somit während einiger Zeit klar sichtbar, produzierte angeblich sogar weit weg Lärm (im quasi im luftleeren Raum?) und lies angeblich eine Idee betreffend seine Umlaufbahn erkennen.

Wenn man annimmt, die *Dingir* hätten ähnliche Überlegungen angestellt wie die Gestalter der modernen Internationalen Raumstation ISS, dann hätten sie ihre Raumstation *„Himmel"* auf einem *„Band"* im Raum um die Erde wie die ISS schwingen lassen.

Um dem Leser eine bildliche Darstellung eines solchen *„Bandes"* geben zu können, hätten wir ihm gerne eine der Momentaufnahmen hier präsentiert, die im Netz für die ISS lange unter

www.esa.int/Our activities/Human spaceflight/International Space Station

rund um die Uhr gezeigt worden sind. Die ESA hat auf Anfrage die Verwendung ohne Begründung verweigert, die Eigenaufnahmen vom Netz genommen (weshalb der Link nicht mehr funktioniert) und auf kommerzielle Darstellungen verwiesen. Man kann vermuten, dass sie, der das Inhaltsverzeichnis dieses Buches vorlag, nichts mit der „Folklore" eines vorzeitlichen Vorläufers ihrer modernen Mini-Raumstation zu tun haben wollte. Nach dem Verschwinden der Originalaufnahmen im April 2016 kann der Leser sich unter dem privaten Link *www.isstracker.com* eine im Zeitablauf abgespulte Entwicklung des „ISS-Bandes" ansehen.

Tafel 6 versucht – **nicht maßstabgerecht** – Teile dieses Bandes für die ISS zweidimensional in Draufsicht aus dem All auf die Erde zu skizzieren.

Man muss sich klar machen, dass sich dieses Band, das sich von etwa 52° nördlicher Breite bis etwa 52° südlicher Breite erstreckt, im dreidimensionalen Raum gewissermaßen wie ein vertikal stehender Ring in einem bestimmten Abstand rings um den Äquator um die Erdkugel legt. Der Abstand dieses gedachten Rings von der Oberfläche der Erdkugel variiert dabei leicht im Laufe der Zeit, weil die ISS wegen des Luftwiderstandes pro Tag im Schnitt etwa 100 m absinkt und in gewissen Intervallen immer wieder hochgefahren wird. Der Abstand dieses um den Äquator aufrecht gedachten Schwingungsringes beträgt dabei nach Angaben der ESA im Schnitt etwa 400 km von der Erdoberfläche. Der gedachte Ring ist, dreidimensional gesehen, wegen der ungefähren Kugelform der Erdoberfläche leicht nach innen gewölbt.

Tafel 6: Das Schwingungsband der ISS gesehen aus dem All als zweidimensionale Projektion auf die Erdoberfläche – eingezeichnet sind, nicht maßstabgerecht, drei Schwingungsverläufe – diese Schwingungen erfolgen, gegeneinander verschoben, im Tagesverlauf etwa 16 Mal.[1]

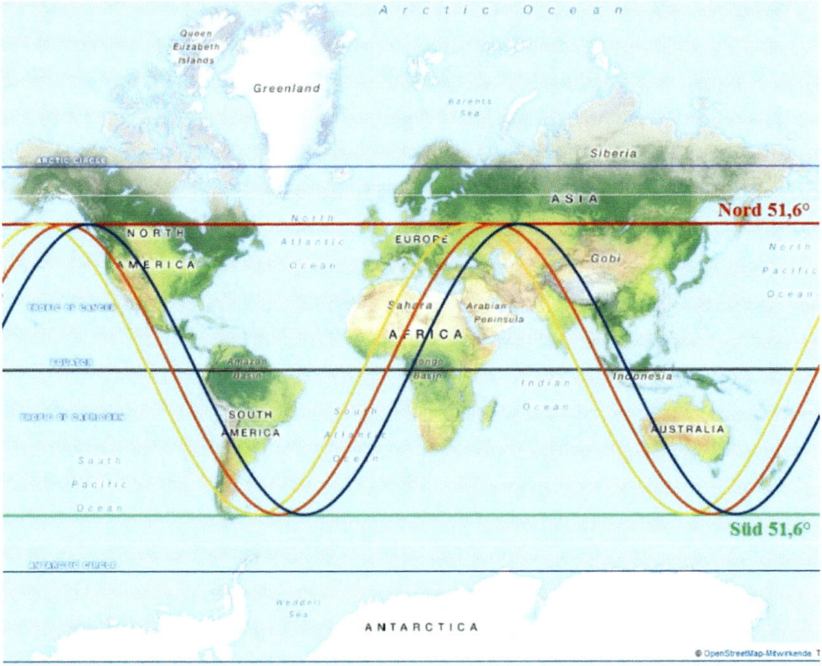

Ein Versuch, zumindest teilweise die Begrenzungen eines vergleichbaren Schwingungsbandes für die in Tempelhymne Nr. 15 von Encheduanna auch *GISCH. NIM*, „Oben-Gerät“, genannte Raumstation *„Himmel“* der *Dingir* zu bestimmen, liegt vor.

---

[1] Die Computergrafiken der Tafeln 6, 7, 9 und 10 wurden auf der Basis von Entwürfen des Autors dankenswerter Weise von Herrn Klaus Deistung erstellt.

Schon 1989 hat Dr. habil. Werner Papke in seinem Buch „Die Sterne von Babylon" [13] über die Ergebnisse seiner Habilitationsschrift berichtet, die unter anderem auch auf die Berechnung der Grenzen des *Anu-Weges* eingehen.

Papke hat ein uns unbekanntes Computerprogramm benutzt, um Sternbewegungen weit in die Vergangenheit zurückzurechnen. Damit hat er für die Periode von etwa 2.400 bis 2.300 vor unserer Zeitrechnung die Positionen der Sternbilder und Einzelsterne an der **Innenfläche einer gedachten Raum-Hohlkugel** zu bestimmen versucht, die gemäß der Keilschriftserie *MUL.APIN* jeweils zum *Weg*/zur *Bahn des En.lil, des An und des E.a* gehörten.

Nach seinen Berechnungen, die wir selbst leider nicht nachprüfen können, lag um etwa 2.300 v.u.Z. – also *grosso modo* etwa als die Priesterfürstin Encheduanna die „Tempelhymnen" verfasste – die Obergrenze des *Anu-Weges* 16.69° Breitengrade über der Äquatorebene und die Untergrenze 16.69° Breitengrade unter dieser.

Tafel 7: Ober- und Untergrenzen des Anu-Weges gesehen aus dem All in Projektion auf die Erdoberfläche – Schwingbreite für die Umläufe 16.69° Nord bis 16.69° Süd – der Abstand des vertikal um die Erde umlaufenden Schwingungsringes von deren Oberfläche ist nicht bekannt ist (Annahme: vielleicht etwa mindestens 500 km).

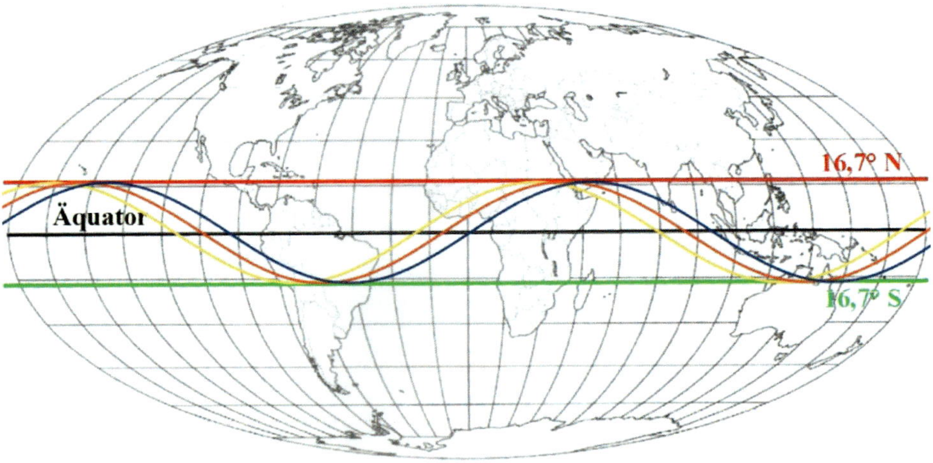

Diese oberen und unteren Grenzen galten gemäß Papke bei dem **damals** herrschenden Neigungswinkel der Ekliptikebene zur Himmelsäquatorebene von etwa 24°. Dieser Winkel schwankt im Laufe von rd. 41.000 Jahren zwischen 21.55° und 24.18° und liegt **heute** 4.300 Jahre später bei etwa 23.44°. Die Grenzen der *„Wege/Bahnen"* sind demnach trotz der Präzession der Erdachse verhältnismäßig unbeweglich und weichen gegenwärtig nicht wesentlich vom Zustand um ca 2.300 v.u.Z. ab.

So schön diese Ableitung auf den ersten Blick scheinen mag, diese Bedingung ist nun aber leider nicht zureichend für die Bestimmung der Bahn der Raumstation *„Himmel"* im Verhältnis zur Erde. Zwar kann man davon ausgehen, dass diese Aussage die mögliche auf-

und abschwingende Bahn in Form eines gedachten stehenden Ringes um die Erde grundsätzlich festhält – wie weit aber könnte er von der Erde entfernt gewesen sein? Mit anderen Worten: wie hoch lag die Umlaufbahn des *„Himmels"* über der Erdoberfläche?

Wir nehmen an, wie bei der ISS könnte so etwas wie der so genannte Van-Allen-Gürtel eine Rolle gespielt haben, da man wahrscheinlich davon ausgehen darf, dass ein solcher Strahlungsgürtel als verhältnismäßig unveränderliches Charakteristikum der Erdumgebung auch zur *Dinigir*-Zeit schon aktiv war.

Was wissen wir über ihn?

Die Van-Allen-Gürtel als Gefahrenzone

Eigentlich handelt es sich nicht um einen einzigen Gürtel, sondern um zwei, zeitweise sogar kurzfristig drei Strahlungsräume, die wie dicke dreidimensionale Polster um die Erde schwirren. Gefüllt sind sie im inneren Gürtel mit Protonen und Elektronen, während weiter draußen hauptsächlich Elektronen zu finden sind. Diese Teilchen sind energetisch hoch geladen und sausen teilweise in Richtung der Magnetpole der Erde mit einer Schwingungsdauer von ungefähr einer Sekunde hin und her.

Ein Teil dieser Energiegeschosse stammt aus eingefangenem „Sonnenwind" und kosmischer Strahlung, gewissermaßen also „Sternenstaub". Der größere Rest entsteht im Erdmagnetfeld dadurch, dass Atome von diesem Magnetfeld immer wieder in Atomkerne und Elektronen gespaltet werden. Da der „Sonnenwind" wegen der unterschiedlich starken Sonneneruptionen schwankt, bewegen sich auch die Strahlungsgürtel und sind zeitweilig asymetrisch.

Man ging schon lange davon aus, dass um die Erde ein elektromagnetisches Feld, gefüllt mit strahlenden Teilchen, besteht. Die NASA wollte es genauer wissen, denn von diesem Feld konnten bei ungenügender Abschirmung Gefahren für die Elektronik von Satelliten ausgehen und erst recht war bei bemannter Raumfahrt menschliches Leben vielleicht gefährdet. Deshalb startete man ab Ende Januar 1958 die so genannten Explorer-Satelliten. Die Suche fand unter der Leitung von James Van Allen statt.

Die Vermutungen wurden bestätigt. Die Entdeckungen erhielten den Namen des Projektleiters.

Das innere Strahlungspolster hat in Äquatornähe seine Untergrenze bei etwa 700 km über der Erdoberfläche und dringt bis etwa 6.000 km in den Weltraum vor. Die äußere aggressive „Polsterung" dehnt sich in etwa 15.000 bis 25.000 km Höhe der Sonne entgegen – andere Angaben meinen 10.000 bis 65.000 km melden zu müssen. Jedenfalls reichen die Gürtel und insbesondere der für die Erde gefährlichere innerste Gürtel nicht ganz bis zu den magnetischen Erd-Polen runter, sondern biegen schon vorher ab.

Tafel 8: Schematische Darstellung der Van-Allen-Gürtel[2]

[2] Quelle: NASA, Goddard Space Flight Center, NASA Langley Research Center, Tom Bridgeman, Visualizer

Daraus folgt, dass die von der Strahlung für die Weltraumnutzung ausgehende Gefahr in unterschiedlichem Abstand von der Erde beginnt. Über dem Äquator ist das heute bei etwa 700 km Höhe der Fall, worauf dann in Richtung Nordpol bzw. Südpol die Gefahrengrenze immer weiter absinkt. Im Bereich der so genannten Südatlantikanomalie beginnt die Gefahr schon in etwa 200 km Höhe.

Die für die Personen-Raumfahrt verhältnismäßig sichere Zone ist gekennzeichnet durch die recht kleinen schwach gelben Viertelmöndchen rechts und links der Erdkugel. Die ISS kann man trotz des inneren Van-Allen-Gürtels in dieser Zone ohne Gefahr im Schnitt in etwa 400 km Höhe schwingen lassen. Einerseits sinkt zwar die Strahlungsgrenze des inneren Van-Allen-Gürtels vom Äquator aus nach Norden und Süden ab. Andererseits schwingt aber die ISS bis jeweils etwa 52 Grad geografische Breite weit nach Norden und Süden aus. Ein großzügiger Sicherheitsabstand kann so bei etwa 400 km Höhe gehalten werden.

Geht man davon aus, zu Zeiten der *Dingir* - wann immer das auch war (siehe dazu nachfolgend unter „Wortschleier" unsere kritischen Fragen zu der so genannten Sumerischen Königsliste und zur falschen Übersetzung der behaupteten Regierungs"jahre") - hätten wegen des Zusammenspiels von Erdmagnetfeld und „Sonnenwind" ähnliche Überlegungen angestellt werden müssen, dann darf man den vorzeitlichen *„Himmel"* ebenfalls **zumindest** auf einer durchschnittlichen Höhe von über 400 km - eher etwa 500 km **vermuten**. Das wäre höher als für die ISS. Dies wäre aber deshalb möglich gewesen, weil die Schwingbreite der Raumstation *„Himmel"* - gemäß Papke [13] mit jeweils 16.69° nördlicher und südlicher Breite gleich dem *Anu*-Weg - wesentlich schmaler gewesen sein soll als die jeweils nach Norden und Süden etwa 51,6° Breitengrade der ISS. Der *„Himmel"* wäre damit durch den nach Norden und Süden jeweils absteigenden „Gürtelast" erst höher als bei der breiter schwingenden ISS bedroht worden.

Fazit: **Unter den genannten Bedingungen darf man davon ausgehen, dass die rhythmische Umlaufbahn des *„Himmels“* auf einem durch die nördlichen bzw. südlichen 16.69°-er Breitengrade begrenzten Schwingungs-Ring um die Erde verlief, der im Mittel mindestens etwa 500 km Abstand über der Erdoberfläche wahrte.**

Tafel 9: Schematischer nicht maßstabgerechter Schnitt durch eine rechte Hälfte der Erdkugel mit Skizze der Untergrenze des inneren Van-Allen-Gürtels (Kurve außen rechts) und „sicheren“ Schwinghöhen von ISS und „Himmel“.

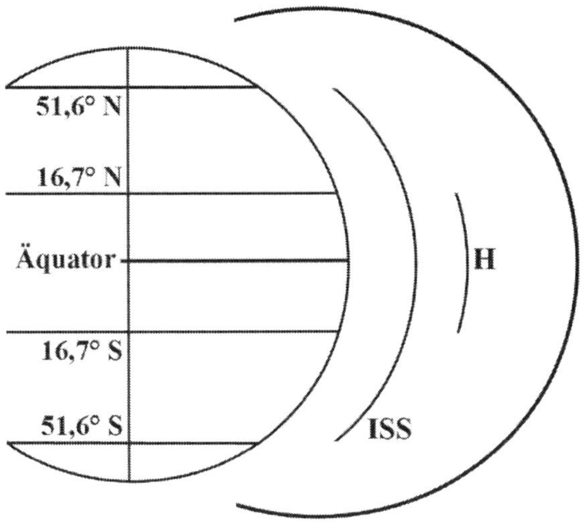

Richtung Süden für den vorgegebenen *„Pfad“* der *„Fähre“*

Encheduanna berichtet uns in ihrer Tempelhymne Nr. 12 eine weitere, schon angedeutete interessante Einzelheit. Zeile 165 lautet [6]:

Wenn die Sonne oben steht, leuchtet die Schale weit weg
als rivalisierendes Licht.

Mit *Schale* ist eindeutig die *„Fähre“*, das *„Licht“*, das Zubringerschiff des *„Himmels“*, gemeint. Diese Tempelhymne Nr.12 verrät uns selbst, dass sie sich auf Ga`esch bezieht, einen Vorort von Ur in Sumer. Nach dem Start in Richtung auf den16.69°er nördlichen Breitengrad, d.h. von Ga`esch aus **nach Süden**, war demnach die *„Fähre“* weit weg *wenn die Sonne oben steht* = zur Mittagszeit als rivalisierendes Leuchten unterhalb der **im Süden** im Zenit stehenden Sonne zu sehen.

Der Start des Zubringerschiffes von Sumer aus **nach Süden** wird somit zumindest für diesen Fall eindeutig festgehalten. Es erreicht dann irgendwo auf dem *„Band“* zwischen 16.69 Grad nördlicher bzw. südlicher Breite in Höhe von mindestens etwa 500 km den heran schwebenden *„Himmel“*. Dessen Landeklappe wartet geöffnet …

Man kann ziemlich sicher sein, dass auch die *Dingir* ökonomisch mit Treibstoff umgegangen sind. Die *„Fähre“*, gleich dem *„Licht“*, dürfte deshalb normalerweise ihren gemäß Tempelhymne 19, Zeile 231, vorgegebenen *„existierenden Pfad“* so befahren haben, dass sie den *„Himmel“* möglichst in der kürzesten Entfernung vom Startpunkt erreichen konnte. Sie hatte dafür die heran schwebende Raumstation auf direkter Südrichtung an deren **nördlicher** Schwingungsgrenze anzusteuern. Anders formuliert: **der ideale Zielraum lag in mindestens etwa 500 km Höhe über dem 16.69°-er nördlichen Breitengrad.**

Wir sprechen bewusst von „Ziel**raum**“ und nicht von „Ziellinie“ oder „Zielpunkt“, weil die genaue Rendez-vous-Stelle nicht nur durch sich ändernde physikalische Bedingungen (Wetter, Höhenströmungen usw.) in der Erdentfernung leicht abweichen konnte sondern auch wegen flugtechnisch begründetem Absinken oder Hochfahren der Raumstation.

Dieser **Zielraum** des *„existierenden* (dreidimensionalen) *Pfades“* lag am **oberen Rand** des *„Anu-Bandes“* oder, anders ausgedrückt, an der **Grenze** zwischen *En.lil*-Band und *Anu*-Band. Der dreidimensionale Pfad, das war der weiter oben in Zeile 6 bzw. Zeile 8 der Tafel V von *enuma elisch* erwähnte ***Raum*** des *Dingirs Né-bé-ru,* das ***Gebiet*** seiner *„Fähre“*. *„Mittels seiner“* wurden, wie dort erläutert, die *„Gebiete“* von *En.lil* und *Anu* bestimmt.

Die in Zeile 165 der „Tempelhymnen“ angesprochene Nord-Süd-Ausrichtung der Flugstrecke betrifft die Bewegung beim Aufstieg. Das eine Ende der feststehenden Standardroute lag in Sumer, das andere, ursprüngliche, am *„Himmel“*.

Tafel 10: Skizzenhafte, zweidimensionale Sicht aus dem All auf die Oberfläche des dreidimensionalen „Pfades“ der „Fähre“ bei direkter ballistischer Flugbahn zur beschriebenen Obergrenze der Umlaufbahnen der Raumstation „Himmel“ – Startstellen in Sumer auf einen Punkt reduziert – tatsächliche untere Breite des „Pfades“ hängt vom unbekannten Rhythmus der „Himmels“-Umläufe ab.

Wie lange braucht die *„Fähre“* = *né-bé-ru* bis zum *„Himmel“*?

Der Umfang der Erde gemessen über Pol zu Pol macht etwa 40.000 km aus. Ein nördlicher Breitengrad deckt daher 10.000 km: 90 oder etwa 111 km ab. Einer der Startorte für die Rückkehr des Verbindungsschiffs *„Fähre/Licht“* zum „Himmel“ lag, wie oben aus Tempelhymne 12 der Encheduanna entnommen, in Ga´esch nahe bei Ur in Sumer. Ur findet man auf etwas mehr als 30.50° Grad nördlicher Breite. Andere Standorte lagen etwas weiter im Norden. Anzusteuern war die Raumstation, die gemäß Papke immer wieder bis auf etwa 16.69° Grad nördlicher Breite von südlich des Äquators heran rauschen würde. Die im Verhältnis zur Erdoberfläche zu überwindende Distanz ergibt sich aus der Differenz von etwa 14 - 15 Breitengraden. Multipliziert man die 111 km für ein Grad mit 15, dann muss das *„Licht“*, die *„Fähre“*, eine **direkt nach Süden zielende ballistische Flugroute vorausgesetzt**, am besten schon zu Beginn des *Pfades* in wenigen Minuten auf eine Höhe von mindestens etwa 500 km hoch schießen und nach Schubabschaltung anschließend etwas mehr als 1.600 km entlang der Erdoberfläche nach Süden gleiten.

Aus den von Encheduanna gelieferten Texten kann man den Eindruck gewinnen, als sei die Antriebstechnik des Zubringerschiffs *„Licht“* = *„Fähre“* verhältnismäßig einfach gewesen. Sie berichtet uns in der Tat in ihren „Tempelhymnen“ von einfachem Einsammeln von Oberflächen-Erdöl, dessen Erstreinigung durch einfaches Absinkenlassen von Verunreinigungen und anschließendem „Aufspalten“. Das Derivat wurde dann gemäß ihren Berichten im Shuttle zusammen mit Azetylen eingesetzt.

Selbst wenn die Fehler der Überlieferung und die für Techniktexte ungeeignete sumerische Sprache die technologischen Prozesse nur vereinfacht aufscheinen lassen können, so wird doch auf Techniken hingewiesen, die wir etwa als vergleichbar mit denen für die zweite Hälfte des 20zigsten Jahrhunderts ansetzen würden.

Es kann bezweifelt werden, ob mit dieser Technik als einzige Antriebsquelle eine direkte ballistische Flugroute nach Süden möglich war: die am Anfang des „Pfades" zum **direkten** Erreichen von etwa 500 km Höhe erforderliche Steiggeschwindigkeit war damit wohl kaum zu erzielen. Doch könnte die Technologieentwicklung vom Raketenantrieb etwa zum EmDrive nach den Erkenntnissen der jüngsten Zeit vielleicht nur 100 Jahre gedauert haben – und was war ein Jahrhundert in der Technologieentwicklung der *Dingir*? Mit anderen Worten: da die *Dingir* in der Lage waren, eine Raumstation zu betreiben, die technologisch wesentlich größere Anforderungen als die heutige ISS vorausgesetzt hat, beherrschten sie höchstwahrscheinlich auch andere Antriebstechniken als den Raketenantrieb. Weshalb nicht z.B. den EmDrive oder elektromagnetischen Antrieb?

Vereinfacht soll man sich dabei vorstellen, dass mit Elektrizität in einem Behältnis Mikrowellen erzeugt werden. Diese werden so ausgerichtet, dass es zu einem Unterschied im Strahlungsdruck kommt. Damit wird eine Art Rückstoß erzeugt. Die ausgerichteten Wellen sollen dabei im Behälter gefangen gehalten werden, weshalb der Rückstoß bei fortgesetzter Wellenproduktion ständig zunehme. Das Prinzip stellt allerdings die heute bekannten Gesetze der Physik auf den Kopf, weil gefangene Wellen keine Rückstoß**materie** transportieren können. Demnach Zukunftsmusik? Nein, im Jahr 2016 bereits in Miniaturausführung im Labortest!

Also entweder Raketenartiger Start der *„Fähre"* und in gewisser Höhe Umschaltung auf EmDrive bzw eine andere Antriebstechnik. Oder Interpretation der Alten Texte betr. *den Raum/das Gebiet des Dingirs mit der Fähre* in dem Sinn, dass **kein ballistischer direkter Anflug** erfolgte sondern ein kurvenartiges Aufschwingen mit etwa zwei, drei Erdumfahrungen wie zur ISS in der Moderne.

Bei einer ballistischen Direkt-Bahn mit einem Rendez-vous um die Mittagszeit wäre der Start im Laufe des Morgens erfolgt. In der Tat gibt es alte Texte, die man eventuell so deuten könnte...Bei einem die Erde umrundenden Aufschwingen wie in der Moderne hätte es etliche Stunden länger, aber auch keinen halben Tag, gedauert.

Sicher sein aber kann man nicht … weder was die Steiggeschwindigkeit angeht, noch die direkte oder indirekte Flugroute, noch die größte Höhe, noch die Flugzeit. Nur die Intensität des Leuchtens im Süden zur Mittagszeit wird eindeutig berichtet …

Wortschleier trüben die Einsicht

Der „Zwölfte Himmelskörper“ war kein Planet und hatte keine 3.600 Jahre Umlaufszeit

Bisher hat unsere Untersuchung festgehalten: ^{d} *NI.BI.RU* = ^{d} *né-bé-ru,* also mit hochgestelltem *Dingir*-Hinweis ^{d}, war gleich dem *Dingir Asar.lu₂.chi,* richtiger *AS.AR.LU₂.CHI* . Wörtliche Übersetzungen der Bezeichnungen dieses *Dingir*: *Der das Glühen dämpfen kann* bzw. *Der mit der „Fähre“* und *Der für die Elektronik des Weisungsnetzes Verantwortliche.* Ohne dieses Determinativ hatten wir für *né-bé-ru* die *„Fähre“* gefunden – manchmal nur einfach als *MUL* bezeichnet, wörtlich als etwas *Sprinkelndes/Leuchtendes,* deutlicher als *Himmelsobjekt* zu übersetzen.

Sitchin aber **folgt nicht den Keilschriftzeichen**, sondern huldigt der für Sumer unbewiesenen modernen „wissenschaftlichen“ Irrlehre von den „Sternengöttern“ und setzt ^{d} *NI.BU.RU/*^{d} *néběru* nicht mit einem *Dingir* gleich sondern mit einem „Zwölften Planeten“. Der sei aus dem „Aussenraum“ in unser Sonnensystem eingedrungen, um wieder in diesen „Aussenraum“ zu verschwinden und dort nun auf Rückkehr zu lauern.

Zum Beweis weist Sitchin auf Stellen wie z.B. die so genannte TE-Tafel hin. Wir haben das Original überprüft. Dort ist aber keineswegs von **Planeten** die Rede. In Zeile 20 wird stattdessen klar festgehalten, dass einschließlich Mond und Sonne 12 „**Mitglieder**“ gezählt worden sind. An anderer Stelle heißt es, im *mul.mul* = *kakkabu kakkabu* sei die Zahl der „**Himmelskörper**“ gleich 12. Sitchin ergänzt dazu, man könne „**vermuten**“, mit diesem sumerisch/babylonischen Doppelausdruck sei das Sonnensystem gemeint.

Eine eigene Überprüfung von *MUL.APIN* und *Astrolab* hat nun aber ergeben, dass damals mit Merkur, Venus, Mars, Jupiter, Saturn und Erde insgesamt **6 Planeten** bekannt waren. Zählt man dazu

Sonne und Mond, kommt man auf **8 Himmelskörper**. Bekannt waren aber auch noch 4 „*Hunde*" = Monde des Jupiter. Dann wären wir schon bei 12 Himmelskörpern gewesen. Wenn das *mul.mul* nur **12** Himmelsobjekte/**„Mitglieder"** gezählt haben soll, war in ihm **kein Platz für einen „Zwölften Planeten" ...**

Bleiben wir doch zunächst bei einer weiteren Behauptung von Sitchin.

Kapitel 8 seines Bestsellers überschreibt er mit „Das Königtum des Himmels" und behauptet dort auf S. 246, mesopotamische Quellen besagten, der „Zwölfte Planet" habe eine Umlaufzeit von 3.600 Jahren. Er habe einen Beinamen *schar*. Das meine „oberster Herrscher" und „vollständiger Kreis". Diese Übersetzung ist genauso erfunden wie viele andere von Sitchin benutzte Übersetzungen. Gemäß dem ePSD [14] treffen für *schar* (dort englische Schreibweise = *car*) stattdessen zu: *Gesamtheit, Welt, zahlreich* und *3.600.*

Nix „oberster Herrscher", nix „vollständiger Kreis"!!!

Das Flunkern geht bei Sitchin weiter, wenn *Planet, Kreislauf und 3.600* von ihm als „gleichbedeutend" bezeichnet werden. Und dann kommt die halsbrecherische Bezugnahme auf die Sumerischen Königslisten [35] und die durch nichts bewiesene Behauptung, die *schars* der Regierungszeiten, dort **modern übersetzt** als jeweils 3.600 Jahre, hätten mit der Umlaufzeit des „Planeten des Königtums" in direkter Beziehung gestanden.

Auch diese Behauptung bringt uns nicht weiter.

Wenn man die vorgelegten Übersetzungen wörtlich nimmt, kommt man auf kumulative Herrschaftszeiten bis zur Flut von hunderttausenden von Jahren. Doch ist keineswegs sicher, dass das sumerische Wort *mu* vor der Flut das Gleiche besagen wollte wie nach der Flut. Zwar kann es *ein Jahr* wie nach der Flut meinen, doch haben wir in dieser Hinsicht erhebliche Zweifel, nicht nur wegen der angeblich überlangen, aber trotzdem bisher fast rückstandsfreien Verweildauer der Besatzungstruppe.

Gemäß verschiedenen Überlieferungen der Menschheit dauerte ein Umlauf der Erde um die Sonne weit zurück 280 Tage, dann 320, anschließend 360 und – mit einigen kurzfristigen Zickzackbewegungen – schließlich unsere rd. 365 Umdrehungen pro „Jahr" = Erdumlauf um die Sonne. Da man aber nicht genau weiß, wann sich die Änderungen ergaben (und z.T. noch weniger weshalb), sind Rückrechnungen in die Vergangenheit allein deshalb schon zerbrechlich. Frühere „Jahre" würden halt vielleicht heutige Jahre nicht ausfüllen, weshalb die Jahreszahlen zu hoch wären.

Doch damit nicht genug der Fragezeichen. Die **konventionelle** Übersetzung der Zeilen der Königslisten mit den Zeitangaben ist ebenfalls äußerst fragwürdig oder besser: **falsch**. Das behauptete „... regierte xxx Jahre ..." steht nämlich keineswegs in den sumerischen Originalen. Als verbale Aussage findet man die Keilschriftzeichen i_3-a_5. Dabei kommen wir für a_5 zu *setzen/stellen/legen/bereitstellen* und i_3 ist nicht wie üblich gleich *Öl* oder *Stein*. Halloran [31] verweist darauf, dass damit auch eine Verbenvorsilbe *ia* gemeint sein kann. Die bedeutet vom Sprecher/Schreiber *weg sein/entfernt sein.* Damit haben wir für i_3–a_5 auf Deutsch so etwas wie *weg legen/hinter sich bringen.* Da *mu* nun aber nicht nur *Jahr* im Sinne eines Umlaufs um die Sonne meint, sondern in einer anderen Bedeutung erlaubterweise *Aufstieg/Aufgang* angibt, hätten die erwähnten Herrscher nicht wie behauptet „xxx Jahre regiert", sondern genauer „xxx *Aufgänge hinter sich gebracht*".

Das könnte auch **Sonnenaufgänge** angeben. Aus dem mit *mu* verbundenen Kreiszeichen *schar* für angeblich 3.600 **Jahre** wären dann plötzlich 3.600 **Sonnenaufgänge** geworden.

Dann aber hätte in den Königslisten für eine bestimmte Erdzeitperiode das Kreiszahlzeichen keine 3.600 Jahre sondern nur 3.600 Sonnenaufgänge angezeigt!

Nur etwa 10 unserer Jahre? Weshalb man die „Hunderttausende von Jahren" durch 360 zu dividieren hätte? Unsinn???

Um weiter zu verwirren: bei welcher Tageszahl pro anderem „Jahr"??

Eins aber ist sicher.

Der behauptete, aus dem „Außenraum" kommende „NIBIRU-Planet" ist bei wissenschaftlich gesicherter Übersetzung im *enuma elisch* nicht existent, dieser Nichtexistente hieß nicht *schar* und von einer Umlaufzeit für diesen nichtexistenten Himmelskörper ist nirgendwo die Rede und schon gar nicht von einer von 3.600 Jahren.

Auch *MUL.APIN* und *Astrolab B* bringen keinen Beweis

Verfechter des NIBIRU als verschwundener und einst wiederkommender „Zwölfter Planet" werden schon - gewissermaßen wie unruhige Pferde mit den Hufen scharrend - gewartet haben, sich auf eine bestimmte Textstelle im *MUL.APIN* beziehen zu können. Es geht dabei gemäß dem wissenschaftlichen Kürzel um „**I i 36-38**", mit Worten: um die erste Tafel und die Zeilen 36 - 38 der Kolonne i.

Vorweg: die bisher verfügbaren Übersetzungen sind **falsch**. Bevor wir eine eigene Bearbeitung vorstellen, einige Vorbemerkungen.

Neben den von uns bisher behandelten Fundstellen für NIBIRU/*né-bé-ru* in all seinen verschiedenen Wortformen sind **dafür - zusammen mit den Hinweisen auf einen „Marduk-Stern" oder so ähnlich - nur noch 14 andere Stellen auf mesopotamischen Keilschrifttafeln bekannt**.

Albert Schott hat indessen schon 1936 festgehalten [18], dass der Textzusammenhang in der Regel ohne weiteres erkennen lässt, dass mit *mul* ^{d} *Marduk* oder *MUL Ni-bi-rum* oder so ähnlich meist die Planeten Merkur oder Jupiter gemeint sind. Es würde zu weit von unserem Untersuchungsgegenstand wegführen, hier selbst alle derartigen Zitat-Stellen nur deshalb darzustellen, um Schott zu bestätigen. Es genügt, die beiden zu betrachten, die am ehesten als Beweis für Sitchins These dienen könnten, weil sie vom Kontext her Merkur oder Jupiter **nicht** betreffen können.

Dabei geht es einerseits um den Text mit dem wissenschaftlichen Kürzel KAV 218 B ii, S. 29 - 32, aus dem ***Fixsternkommentar*** **zum so genannten** ***Astrolab B*** und andererseits um die oben eingangs zitierte Stelle. Der wesentliche Unterschied ist dabei nicht im eigentlichen, fast übereinstimmenden Text zu sehen. Er besteht darin, dass das behandelte Himmelsobjekt **bei *MUL.APIN*** gegen Ende der Aufzählung der *MUL* des *En.lil* , also am unteren Rand des *En.lil*-Gebietes, erscheint, **im *Fixsternkommentar*** aber unter den dort erwähnten „*Anu*- Sternen" am Anfang, also am oberen Rand des *Anu*-Weges, behandelt wird. Wir werden zunächst die *MUL.APIN*-Stelle bearbeiten, unterstreichen aber hier schon die weiter oben abgeleitete Feststellung, dass das gefragte Himmelsobjekt damit als an der **Grenze** zwischen beiden „Bändern/Wegen" aufscheinend dargestellt wird.

Als wissenschaftliche Referenz für ***MUL.APIN*** **I i 36 - 38** gilt normalerweise die Bearbeitung von H. Hunger in [20]. Er bringt für jede Zeile zuerst die abc-Umschrift der sumerischen Fassung, dann die abc-Umschrift des assyrischen Wortlautes und schließlich seine Übersetzung ins Englische. Wir sparen in der nachfolgenden Darstellung den assyrischen abc-Text aus und fügen unsere deutsche Version seines englischen Übersetzungsversuches bei. Dieser Versuch von Hunger wird dann auf Deutsch kommentiert und richtiggestellt.

Z i 36: -- *ki-ma MUL* ^{mesh} *shu-ut* ^{d} *En-lil*$_2$ *ug-dam-mi-nu-ni*

- When the stars of Enlil have been finished,
- Wenn die Sterne von Enlil beendet worden sind,

Die *MUL mesh* werden zwar normalerweise oberflächlich mit „Sterne" übersetzt, doch wäre *„die Sprinkelnden"* oder *„die Himmelsobjekte"* richtiger. *ut* ist als *UD* zu verstehen = *leuchten. ug* ist als *vergangen/gestorben/verschwunden* zu nehmen, *dam* als *jeder* und, richtig gelesen, *mi₂-nu-ni* ist *das* Abstraktum (!) *Nicht-Sein.* Daraus wird etwa: *wenn die Sprinkelnden/Himmelsobjekte, die dem En.lil zum Leuchten zugeteilt sind, jeder verschwunden ist ins Nicht-sein* ... Die Bedeutung in Normal-Deutsch ist klar: wenn die Sterne des *En.lil*-Weges bis zum unteren Rand hin aufgezählt sind, dann ... Wir vereinfachen

Wenn die Himmelsobjekte des En.lil alle aufgezählt sind,

Z i 37: - *1 MUL GAL UD-DA-su da-a´-mat AN-e BAR-ma GUB-zu MUL ᵈAMAR.UD né-bi-ri,*

- One big star - (although) its light is dim - divides the sky in half and stands there: (that is) the star of Marduk, the Ford,

- teilt ein großer Stern - (wenn auch) mit dunklem Licht - den Horizont in Hälften und steht da: (das ist) der Stern des Marduk, die Furt.

Bemerkung zu *MUL* wie oben, hier aber zum Erfassen der richtigen Aussage strikt zu beachten. Mit *mat* ist ursprünglich eine *Schilfmatte, etwas zum Abdecken* gemeint. Für *zu* oder *zu₂* kann man *Flintstein, Spaltgerät, Rammspitze* oder *Trennscheid* festhalten, also einen *Gegenstand der trennt.* Von einer Trennung *in Hälften* ist aber eindeutig nirgendwo die Rede. Niemand wird es erstaunen, wenn wir statt „Furt" lieber *„Fähre"* in der Übersetzung sehen. Damit kommt man, ziemlich wörtlich übertragen, zu: *ein großes Himmelsobjekt - sein Leuchten mit einer Matte seiend - teilt ab und steht als Trennung vor dem Horizont, das Himmelsobjekt des Dingirs Marduk, die Fähre.* Wir unterstreichen, dass wir das End-Komma von Hunger durch einen Punkt ersetzen, die Aussage der Zeilen 36 und 37 demnach als abgeschlossen ansehen. Besseres Deutsch:

dann unterteilt ein großes Himmelsobjekt mit mattem Leuchten den Horizont und steht als Trennung, das Himmelsobjekt des *Dingirs Marduk*, die *„Fähre"*.

Im Klartext: Die *„Fähre"* des *Asar.lu$_2$.chi* schwebt an der Trennungslinie zwischen *En.lil-Weg/-Band* und *An-Weg/-Band,* dort wo sie den *„Himmel"* auf ihrem vorgegebenen dreidimensionalen *„Pfad"* an der Grenze ihres *„Raumes"* trifft.

Zu diesem Ergebnis waren wir weiter oben bei der Auslegung anderer alter Zitatstellen schon beinahe wörtlich gekommen …

Zu **Zeile i 38** noch in einer Kurzfassung. Bei Hunger ist sie Fortsetzung des Gedankengangs, auf Deutsch zu präsentieren als

… Jupiter, wechselt dauernd seine Position und kreuzt am Horizont.

Jupiter wird von Hunger als zweite Apposition zu seinem „Marduk-Stern" gesehen. Dieses Missverständnis erklärt sich insofern, als Jupiter (s.o. Schott und auch Koch [19]) an einigen Keilschrift-Stellen tatsächlich als der so genannte „Marduk-Stern" beschrieben wird. Aus den Zeilen i 37 und i 38 eine Identität zwischen einem „Marduk-Stern" Jupiter und einer „Fähre" *né-bé-ri* abzuleiten und dafür den Wortlaut der Zeilen als fortlaufend anzusehen, erlaubt aber der Originaltext nicht – wenn der vorhergehende Teil richtig übersetzt wird …

Noch kurz weitere Anmerkungen zum Unterschied zwischen dem soeben bearbeiteten Text aus *MUL.APIN* und dem erwähnten ähnlichen Text aus dem *Fixsternkommentar* des **Astrolab B**. In Letzterem hat das Himmelsobjekt kein „mattes Leuchten" sondern ist „rot". Es wird in anderer Reihenfolge zuerst als Himmelsobjekt des *Dingirs Né-bé-ru* und damit als *„Fähre"* bezeichnet und erst dann, in Apposition, als das Himmelsobjekt des *Dinigirs Marduk* und der war ja bekanntlich gleich ^{d} *Asar.lu$_2$.chi*/^{d} *NI.BI.RU*. Diese Identität kommt demnach klar zum Ausdruck.

Sag mal jemand, die Texte wären unter sich, richtig gelesen, nicht kompatibel! An die oben bearbeitete Stelle bei Encheduanna sei erinnert, wo *„Licht/Fähre“* zur Mittagszeit ***im Süden*** *mit der Sonne beim Leuchten wetteifert* … Unterstrichen sei auch, dass die Stelle des *matten* oder *roten Leuchtens* an der **Grenze** zwischen „*En.lil*-Band“ und „*Anu*-Band“ liegt. Diese Linie erstreckt sich, von Sumer aus gesehen, **im Süden** und ist gemäß den Berechnungen von Papke gleich dem 16.69 - er nördlichen Breitengrad oberhalb des Äquators.

Der Anfang von *enuma elisch*: „Geburt der Ahnen des *Dingirs Marduk*“ oder „Entstehung unseres Sonnensystems“?

Wir haben einen ersten Entwurf dieser Untersuchung einem Freund vorgelegt, der uns als überzeugter Vertreter der NIBIRU-Thesen bekannt war. Er konnte unserer Beweisführung nicht widersprechen, dass die **Persönlichkeit** ^{d} *NI.BI.RU*/ ^{d} *né- bé-ru* gleich dem *Dingir ASAR.LU*$_{2}$*.CHI*, gleich dem *„Gott“/Dingir Marduk* war und das **Himmelsobjekt** *né-bé-ru* kein Planet gewesen sein kann, sondern sich als *„Fähre“* des *ASAR.LU*$_{2}$*.CHI* bewegt hat und somit auch nicht mit dem „Zwölften Planeten“ oder Sitchins „Heimat der Nefilim“ gleichgesetzt werden darf. Er vertrat aber die Meinung, dass Sitchin unter „Marduk“ nicht nur eine Persönlichkeit beschrieben habe sondern, angeblich mit Beweisen aus dem *enuma elisch*, auch ein Himmelsobjekt. Dieses habe Sitchin mit der „Heimat der Götter“ gleichgesetzt und sein Wirken in unserem Sonnensystem unter Bezug auf das *enuma elisch* als „Himmelsschlacht“ analysiert.

Es stellt sich daher die Frage, ob im *enuma elisch* mit der Bezeichnung „Marduk“ ein Himmelskörper oder eine Persönlichkeit angesprochen wird.

Die Antwort auf diese Frage ergibt sich vordergründig klar aus dem Text, muss aber auch dem Gesamtcharakter des umfangreichen Textes gerecht werden.

Das *enuma elisch* ist eindeutig als Lob- und Weihelied auf den in Babylon/Assyrien zu höchsten nationalen Ehren gekommenen „Gott Marduk" zu sehen. Zu diesem Zweck wurden in Babylonien überwiegend alte sumerische, aber auch einige alte akkadische Texte teils erheblich umgeschrieben und dann zusammengefügt. Für uns wichtig ist dabei, dass ^{d}*Marduk* in eine „Familie" eingegliedert wird, deren Wurzeln im *enuma elisch* – so wird in der Literatur behauptet – angeblich bis zum Anfang der Erde zurück verfolgt werden. Wichtig ist auch zu erkennen, wie *enuma elisch,* auf Babylonisch/Assyrisch verfasst, den in Sumerisch beschriebenen Kampf zwischen dem *Dingir NIN.UR.TA* und dem *Dingir ZU* in einen Streit zwischen dem ^{d}*Marduk* und einer „Tiamat/Tiamtu" umorganisiert.

Doch Vorsicht, wenn von Sitchin der Anfang des Weiheliedes als Entstehung unseres Sonnensystems im Rahmen einer „Himmelsschlacht" gedeutet wird. Die Originaltontafeln in babylonischer oder assyrischer Sprache geben die Deutung „Entstehung unseres Sonnensystems" nicht her und sprechen auch nicht von „Sternengöttern".

Die Weltgeltung heischende Studie von Kämmerer und Metzler [11] sieht nämlich am Anfang einen *Apsû* und eine *Tiamtu,* hält beide für „Götter" und lässt sie eine „Familie" von „Göttern" zeugen. Die beiden Genannten sind jedoch keine „Götter", da ihnen über das **ganze** *enuma elisch* hinweg in den Originalen **kein** *Dingir*-Determinativ vorangestellt wird (siehe Tafel 2 zum Keilschriftzeichen *AN/an*). Die in [11] als Übersetzungen für *Apsû* und *Tiamat* angeführten Bezeichnungen ergeben sich zudem aus **Konventionen** und entsprechen nicht den originalen Keilschriftzeichen.

Für *Apsû* findet man in [11], im Keilschriftoriginal stehe das Wortzeichen ABZU. Das ist nur eine der vielen Ungenauigkeiten dieses

Werkes, die sich aus ungenügender Kenntnis von Assyriologen betreffend die sumerische Sprache ergeben. Im Original stehen ursprünglich die **zwei** Wortzeichen *AB.ZU.*

Diesem zusammengesetzten Begriff waren wir schon in den „Tempelhymnen" [6] begegnet. Wir haben dort von den Wortwurzeln her auf ein Gerät abgestellt, das von den Sumerern *Quelle des Wissens/Fenster zum Wissen/Vater des Wissens* genannt wurde. Dieser Apparat, hatten wir erläutert, der auch *Ursprung des Wissens* genannt werden dürfe, sei ein Gerät zur Übermittlung von Wissen und Weisungen gewesen.

Um ein derartiges Gerät kann es sich hier nicht handeln. Immerhin hatten wir damals aber schon die Werte *Quelle* und *Ursprung* für das Wortzeichen *AB* festgehalten. *ZU* ist zudem für Sumerologen nicht nur *Wissen/Weisungen*, sondern auch *All* oder *Alles*. Der Begriff *AB.ZU* kann daher auch *Ursprung des Alls* oder *Quelle/Ursprung von Allem* meinen. Daher die von uns berichtigte

Zeile 3: (... als) der Ursprung von Allem, das Erste, ihr Säer,

Das „ihr" bezieht sich bereits auf Zeile 9, wo die *DINGIR. DINGIR* (ja, das steht da groß und breit!) als **Geschöpfe** und **sicher nicht** als „**Himmelsobjekte**" auftauchen.

In der nächsten Zeile kommt dann gemäß der in [11] vorgelegten Umschrift angeblich *Tiamtu.* Ob das zutrifft, ist selbst unter Assyriologen heiß umstritten und kann dahingestellt bleiben. Ab S. 388 bringt [11] nämlich kleingedruckte Erläuterungen von mehr als einer Seite. Demnach wird der damit angeblich gemeinte Einzel-Begriff in Keilschrift tatsächlich auf mehr als ein Dutzend (!!!) Arten im *enuma elisch* geschrieben **und müsste entsprechend auch Dutzendfach unterschiedlich benannt werden. Das *enuma elisch* würde sich dann wesentlich anders präsentieren!!!**

Ein Aspekt lässt sich verhältnismäßig einfach erklären: selbst die alten Schreiber konnten zum Teil überhaupt nicht verstehen, was gemeint sein sollte bzw. es liegen Wortspiele vor, womit der immer wieder in den verschiedensten Namensschreibungen auftauchende Begriff *GEME* – als Gegenspieler von *Marduk*, dem „König der Götter" – durch seinen Anklang an *Magd/Sklavin/Dienerin* angeblich abgewertet werden sollte. Da logischerweise zu *AB.ZU* als sumerischem Begriff auch eine parallele sumerische Schreibung des Gegenbegriffes passen sollte, hielten wir eine tatsächlich zu findende sumerische Schreibung *TI.A.MA.TUM* fest. Machen wir es kurz und übersetzen: *Die/Das zum Fließen der Lebenskraft/des Lebenssamens Geeignete*. Dann finden wir als unsere Fassung der

Zeile 4: ... (und) die lebensschaffende Kraft, das zum Fließen des Lebenssamens Geeignete, die Erzeugerin ihrer Gesamtheit,

Das „ihrer" bezieht sich wieder auf Zeile 9 und die ab Zeile 10 aufgezählten *Dingir*-Paare, die Vorfahren des Helden, dessen Loblied gesungen werden soll – und eben nicht auf Planeten, Sterne, Himmelskörper ...

Es hört sich so an, wie wenn die in den Zeilen 3 und 4 beschriebenen beiden Begriffe *„Ursprung von Allem"* und *„Lebensschaffende Kraft"* nur Abstrakta männlicher und weiblicher Art wären. Auch der Zeugungsakt für das erste *Dingir*-Paar wird in Zeile 5 verhältnismäßig abstrakt umschrieben. Es kommt aber nicht, wie bisher falsch übersetzt wird, zu einer „Mischung ihrer Wasser", sondern es geht um das *Mischen* von *Kräften*. Daher

Zeile 5: ... ihre Kräfte zusammen mischten,

Wir springen direkt zu Zeile 9 mit dem schon angedeuteten Ergebnis:

Zeile 9: ... wurden die *DINGIR.DINGIR* in ihrer Mitte geschaffen.

Unserer Ansicht nach geht es demnach um die Geburt der ersten *Dingir* ...

Und nun zu jemand, dessen rege Phantasie alles sprengt!!!

Die umfangreichste und jüngste Bearbeitung dieser Zeilen von *enuma elisch* durch Sitchin ist in Quelle [24] enthalten. Er kommentiert den soeben besprochenen Anfang des Weiheliedes wie folgt ab S. 115 unten:

„ ... in dieser Urzeit also, so erklärt der selbst uralte Text, nahm das Sonnensystem Gestalt an, woran drei himmlische Akteure Anteil hatten: ein **Ur-Apsu**, seine Begleiterin **Mummu** und eine himmlische weibliche Wesenheit namens **Ti.amat ...**

Die Himmelsgötter - Planeten - entwickelten sich gerade, als Tiamat, ein wasserreicher Planet, begann, mit dem männlichen Apsu (der Sonne) „Wasser auszutauschen".

Hoppla!!!

Welch fruchtbare Hirnwindungen!!! Eine Ausnahmeleistung als Sinndeuter und Übersetzer!!!

Es werden bei ihm keine *Dingir* geboren, sondern das Sonnensystem nimmt Gestalt an. Statt zwei Akteure wie im Original lässt er sofort drei auftreten - weil das für seine bald zu besprechende abwegige Tabelle erforderlich ist. Himmels"götter" werden, weil es so gefällt, zu „Planeten" umdeklariert. Tiamat, die frühere Schreibung für Tiamtu, soll (wo denn gefunden?) „wasserreich" und zudem ein Planet sein - weil es ihm so passt und obwohl es nirgendwo steht. Apsu wird per Befehl zur Sonne erklärt. Und betreffend Tiamat und Apsu wird wörtlich behauptet: „tauschen Wasser aus" ... WO STEHT DENN DAS IM EPOS GESCHRIEBEN? WO BITTE?

Sitchins berühmte Götter-Planeten-Tabelle mit mehr als zwei Dutzend Fehlern

Als die Altorientalisten, die Vorläufer der Sumerologen, mit dem Übersetzen von assyrischen und zeitlich älteren babylonischen Texten begannen, existierten in ihren Köpfen die römischen Götter als Planeten. Sie versuchten dieses Konzept auf die schwierigen neugefundenen Keilschrift-Texte anzuwenden. Oft half es ihnen weiter, da man manche assyrische Passagen ebenfalls so deuten durfte. Bei vielen babylonischen Texten war diese Deutung schon schwieriger, aber man hielt sie trotzdem bei. Und dann fanden die Forscher eine noch ältere Sprache, das Sumerisch, und glaubten und behaupteten, auch dort gelte dieses Konzept.

Auch Sitchin folgt in seinen Büchern nicht den Keilschriftzeichen, sondern huldigt, wie schon erwähnt, dieser unbewiesenen modernen „wissenschaftlichen" Irrlehre, wonach die für das Altertum berichteten „Götter" Sterne waren. In seinen Erfolgsbüchern sieht er daher den im *enuma elisch* [11] zu findenden *d né-bé-ru* trotz des hochgestellten eindeutigen Determinativs nicht als „Gott" an (– wir würden sagen: nicht als Mitglied der *Dingir*-Herrscher). Vielmehr übernimmt er eine wissenschaftlich nicht haltbare Übersetzung als „Stern NIBIRU" und setzt diesen – **aufgrund einer nächtlichen Eingebung, vgl. [24], S.114**!!! – mit seinem „Zwölften Planeten" gleich. Der sei aus dem „Aussenraum" in unser Sonnensystem eingedrungen, um wieder in diesen „Aussenraum" zu verschwinden. Und, ebenfalls per unbegründeter Eingebung: die Vorväterpaare von *Dingir Marduk* und sein im *enuma elisch* ausdrücklich als **leiblicher** Vater von *Marduk* beschriebener *Dingir E.a* seien Planeten und so forme sich unser Sonnensystem. Er fasst dieses in seiner berühmten, oft zitierten Tabelle zusammen, die wir zunächst wie in [24] präsentieren:

SONNE – Apsu, „Einer der von Anfang an existierte"

MERKUR – Mummu, „Eine die geboren wurde", die Begleiterin der Sonne

VENUS - Lahamu, „Herrin der Schlachten“

MARS - Lahmu, „Kriegsgott“

- ?? - Tiamat, „Eine die Leben schenkt“

JUPITER - Kischar, „Größter des Festlandes“

SATURN - Anschar, „Größter der Himmel“

Gaga - Anschars Bote, der zukünftige PLUTO

URANUS - Anu, „Der des Himmels“

NEPTUN - Ea/Nudimmud, „Kunstvoller Schöpfer“

Unser Kommentar:

Nirgendwo steht in irgendeinem Keilschrifttext geschrieben, *Apsu* oder *AB.ZU* sei die Sonne. Auch die Übersetzung ist falsch. Richtig ist: *„Ursprung von Allem“*.

Nirgendwo steht in Keilschrifttexten geschrieben, die Sonne habe eine Begleiterin namens *Mummu*. Der im Epos männliche *Mu-um-mu,* wird dort als *SUKKAL* des *AB.ZU* bezeichnet, als dessen Bote. Nirgendwo sagen die Texte, er sei ein Planet, und noch weniger, es handele sich um Merkur. Auch die Übersetzung ist falsch. Richtig ist: *„Lebensschaffende Kraft“* -als Teil der Definiton von Tiamat (zu dieser siehe unten)!

Nirgendwo steht in Keilschrifttexten geschrieben, *Lahamu* sei der Planet Venus. Richtig heißt es d *La-cha-mu*. Es kommt - wie noch jüngst in einer ansonsten anerkannten Grammatik geschehen - einem intellektuellen Verbrechen gleich, das in den Umschriften hochgestellte *d* mit *deus* = *Gott* zu deuten. Man sollte redlicherweise zugeben, dass die ersten Forscher damit die Bezeichnung *Dingir* abkürzten. *DI.IN.GIR*, das waren die *Entscheider* aus Fleisch und Blut, *die sich mit Fluggeräten* über Sumer *bewegten*. Die von Sitchin verballhornte *Lahamu* war daher eine *Dingir*-Dame und somit kein Planet und noch weniger die Venus. Auch die Übersetzung ist falsch. Richtig ist wörtlich *Festlegerin vieler Weisungen*, was in besserem Deutsch meint: *Die unzählige Weisungen erteilt.*

Nirgendwo steht in Keilschrifttexten geschrieben, es habe einen Planeten *Lahmu* gegeben. Wir finden im Text von *enuma elisch* einen *Dingir Lachmu*, der war kein Planet und es handelte sich nicht um den Mars. Auch die Übersetzung ist falsch. Was richtig ist, kann man nur finden, wenn man die an anderer Stelle anzutreffende seltene uralte Schreibung mit den Wortzeichen *LA.CHA.MA* kennt: *Überprüfer vieler Länder* oder besser *Der unzählige Länder überprüft.*

Tiamat ist eine selbst unter konventionellen Forschern umstrittene frühe Lesung für das, was man heute als Tiamtu schreibt. Die Übersetzung ist falsch. Richtig ist wegen des sumerischen Originalausdrucks *TI.A.MA.TUM*: *„Das zum Fließen des Lebenssamens Geeignete"*. Das hat weder etwas mit einem „Gott" oder *Dingir* zu tun, noch mit einem Planeten, noch mit der Lieblingsvorstellung der konventionellen Assyriologen, es handele sich um das Ur-Meer, das angeblich nach ihrer genialen Eingebung eine Weltscheibe umflossen haben soll.

Nirgendwo steht in Keilschrifttexten geschrieben, *Kischar* sei ein Planet und zwar der Jupiter gewesen. Man findet vielmehr eine *Dingir*-Dame *Ki.schar*. Auch die Übersetzung „Größter des Festlandes" ist falsch. *schar*$_2$ bedeutet u.a. *vollkommen sein*. Richtig ist daher *Die Vollkommene von der Erde*.

Nirgendwo steht in Keilschrifttexten geschrieben, ein *Anschar* sei ein Planet und zwar der Saturn gewesen. Statt eines Planeten treffen wir auf einen *Dingir An.schar*. Die Übersetzung „Größter der Himmel" ist falsch. Richtig ist: *Der Vollkommene aus dem Himmel.*

Nirgendwo steht in Keilschrifttexten geschrieben, ein Bote *Gaga* des *Dingirs An.schar* werde später zu einem Kleinplaneten Pluto. *GA.GA* wird im *enuma elisch* immer mit Determinativ eindeutig als *Dingir* gekennzeichnet.

Nirgendwo steht in Keilschrifttexten geschrieben, *Anu* sei ein Planet gewesen. Nirgendwo wird *Anu* mit Uranus gleichgesetzt. *Anu* ist die babylonische Bezeichnung für den auf Sumerisch *An* genannten obersten *Dingir*-Herrscher. Wie Sitchin seine Majestätsbeleidigung erklären will, ist uns ein Rätsel. Auch die Übersetzung „Der des Himmels" ist falsch. Richtig ist aufgrund der Keilschriftschreibung *a-nu/A.NU* vielmehr *Der sich schnell drehend Seiende* oder aber, da von der Grammatik her eine Nispe vorliegen dürfte, *Der mit/von dem sich schnell Drehenden*. Damit wird auf den „*Stier*" der Tempelhymne Nr. 15 der Encheduanna angespielt [7], der uns in den Tempelhymnen oft auch als „*Licht*" oder im *enuma elisch* als „*Fähre*" begegnet.

Nirgendwo steht in Keilschrifttexten geschrieben, ein *Dingir Ea/Nudimmud* sei ein Planet, und noch weniger, es habe sich um Neptun gehandelt. Wir haben gemäß *enuma elisch* den leiblichen Vater des *Dingirs Marduk* vor uns. Wieso dieses lebendige Wesen ein Planet und identisch mit Neptun gewesen sein soll, muss man wohl in den Gemütstiefen des Autors suchen. Die Übersetzung „Kunstvoller Schöpfer" ist ebenfalls falsch. Richtig ist für den akkadischen Namen *E.a: Der mit dem Wasserhaus.* Siehe dazu [7], S. 42 - 45. Richtig ist für die sumerische Bezeichnung, die *NU.DIM*$_2$*.MUD* zu schreiben ist, wörtlich *die Nicht-Gestalter-Spitze.* In besserem Deutsch meint dies *Zweitoberster Gestalter* (nach *An/Anu*) (S. 47 in [6]).

Indem Sitchin - wie alle uns bekannten bisherigen Übersetzer - eindeutig als leibliche *Dingir* bezeichnete Persönlichkeiten zu Planeten umdeutet, behauptet er, im *enuma elisch* werde die Entstehung unseres Sonnensystems beschrieben und man habe damals schon nicht nur alle heutigen Planeten gekannt sondern zusätzlich auch noch eine Tiamat und den „Eindringling" NIBURU/NIBIRU/ Marduk (warum wird dieser „Eindringling" in seiner Tabelle vergessen???). Seine vorgeschlagenen Übersetzungen sind Erfindungen von jemand, dem Sumerisch recht fremd war.

In der berühmten Tabelle von Sitchin tauchen demnach einige Dutzend Fehler auf!!! Wie konnte er zu Behauptungen kommen,

die so offensichtlich vom Text des *enuma elisch* und den Wortwurzeln abweichen???

Unser Erklärungsversuch: Sitchin hat, durch falsche Übersetzungen Anderer – **und seine erwähnte nächtliche Eingebung** - irregeleitet, nicht erkannt, dass die NI.BI.RU–Zeilen des Epos, wie wir in allen Einzelheiten in diesem Buch beweisen, nicht von einem Planeten handeln. Es geht einerseits um einen (sumerisch zu verstehenden) *Dingir* $NI_2.BI_7.RU_2$ *, Der die Glut dämpfen kann,* und andererseits (babylonisch/assyrisch zu begreifen) um einen *né-bé-ru,* die *„Fähre"* des *Dingirs* $ASAR.LU_2.CHI$ *= Dingir Marduk.* In einer Art Rückwärtslogik mit Gedankensalto wollte er dann einen im Text nicht existenten „Planeten Nibiru" als Bezeichnung für einen erfundenen „Himmelskörper Marduk" sehen. Dann aber musste er, gedanklich noch weiter rückwärts Salto schlagend, die **leiblichen** Vorväter des *Dingirs Marduk* ebenfalls zu Himmelskörpern umdeklarieren. Dafür waren dann geistige Verrenkungen der Art erforderlich, wie wir sie aufgezeigt haben …

Siegelzylinder VA 243 berichtet etwas Anderes als Sitchin behauptet und zeigt *„Fähre“* und *„Himmel“*

Sitchin bringt in seinem Buch „Der zwölfte Planet“ [10] zu Beginn des Kapitels 7 über das „Epos der Schöpfung“ = *enuma elisch* eine Fotografie der Abrollung eines Siegelzylinders. Dieser ist in Berlin im Vorderasiatischen Museum unter der Katalognummer VA 243 registriert. Die Abrollung wird von ihm ursprünglich seitenverkehrt präsentiert, was in späteren Ausgaben teilweise ohne Kommentar richtig gestellt wird.

Sitchin behauptet, es handele sich um ein akkadisches Siegel. **Das trifft nicht zu.** Der Keilschrifttext ist in Sumerisch verfasst. Wir werden ihn übersetzen.

Anschließend kommentiert der Autor dann seine Abbildungen 100 und 101.

Tafel 11: Seitengerechte Abrollung des Siegelzylinders VA 243:

Würde man, so meint er, die bekannten Planeten in einem Kreis um die Sonne zeichnen, so ergäbe sich ein ähnliches Schema wie auf seiner Abb. 100. Diese soll demnach das **heutige** Sonnensystem präsentieren. In einer Klammer erläutert der Autor vorher: „**Alle** Zeichnungen sind des leichteren Verständnisses halber schematisch und nicht maßstabgerecht". (Betonung von uns hinzugefügt).

Kurz darauf aber wird von ihm behauptet, eine Vergrößerung von Siegelabdruck VA 243 zeige, „dass die `Punkte` rings um den Stern Kugeln sind, deren Größe und Anordnung mit dem Sonnensystem auf Abb. 100 übereinstimmen". Diese Abbildung soll demnach gemäß der ersten Aussage das **jetzige** Sonnensystem **nicht maßstabgerecht** widergeben. Gemäß der zweiten Behauptung soll die gleiche Abbildung 100 jedoch zeigen, dass die Punkte als Kugeln aufzufassen sind, die gleichzeitig betr. **Größe und Anordnung übereinstimmen** mit einer Abrollung von VA 243. Diese aber zeigt unbestritten eine frühe **sumerische** Sicht.

Beides kann nicht gleichzeitig zutreffen.

Ausserdem muss der unvoreingenommene Betrachter des Siegelabdrucks entsprechend der Klammeraussage von Sitchin feststellen, dass bei Abb. 100 weder die Größenverhältnisse noch die Anordnung mit VA 243 übereinstimmen.

Tafel 12: Abbildungen 100 und 101 aus Sitchin´s „Der zwölfte Planet“:

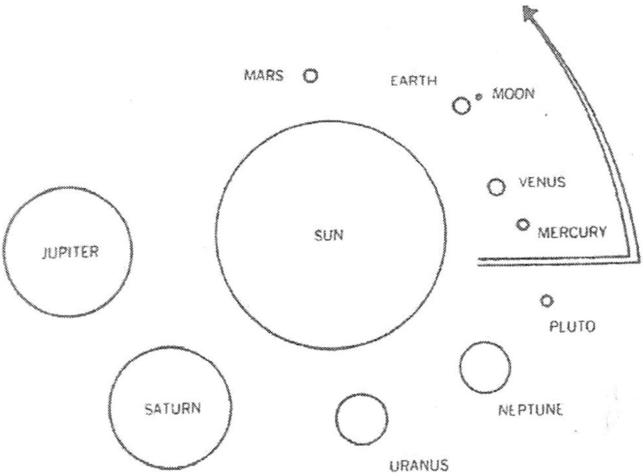

Fig. 100

Fig. 101

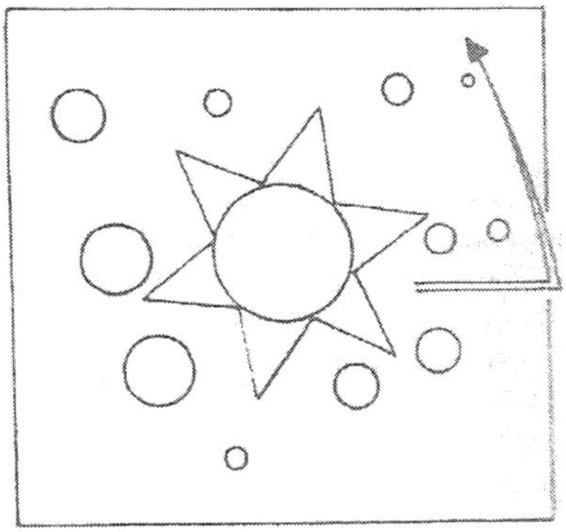

Erstens ist der „Punkt“/die „Kugel“, der/die seinen Pluto zeigen soll, auf seiner Abbildung 100 wesentlich kleiner als auf der Tafel VA 243. Umgekehrt sind zweitens die „Punkte“/„Kugeln“, die für Sitchin angeblich Jupiter und Saturn andeuten, wesentlich größer als auf dem Foto der Abrollung. Und drittens fehlt oben links ein Himmelskörper im Vergleich zur Abrollung von VA 243.

Dann wird von ihm in einem ähnlichen Schema Abb.101 präsentiert, die VA 243 und damit der **sumerischen** Sicht ähnlicher sein soll. Oben links wird erstens ein auf Abb.100 fehlender „Punkt"/„Kugel" - wir unterstreichen: „nicht maßstabgerecht" - eingefügt. Sitchins Kommentar: das sei ein uns unbekannter vorzeitlicher Planet, beträchtlich größer als die Erde. „Es ist, wie sich erweisen wird, der Zwölfte Planet. Der Planet der Nefilim". Zweitens sieht man im Vergleich mit Abb. 100 seinen Pluto plötzlich ohne Begründung auf dem Platz des Uranus und umgekehrt. Lustig finden wir die Behauptung von Kommentatoren, der Zeichner habe sich halt vertan. Wenn dem so wäre, wieso hat Sitchin diesen "Zeichenfehler" durchgehen lassen?

Höhepunkt des intellektuellen Durcheinanders: Sein eigenes Buch geht im weiteren Verlauf davon aus, dass der in Abb. 101 **angeblich gleichzeitig** mit seinem so genannten „Zwölften Planeten" aufzuführende Pluto **nicht** schon am Anfang der von ihm angeblich mit Abb. 101 gezeigten sumerischen Tradition betr. das sumerische Sonnensystem existiert hat, sondern erst im Laufe einer von ihm erfundenen „Himmelsschlacht" entstanden ist.

Sein Pluto der Abb. 101 bzw. der kleine „Punkt" unter der Sonne auf dem Rollsiegel kann nach seiner eigenen Logik daher nicht der heutige Pluto gewesen sein. Da so keine Erklärung für einen der gezeigten Himmelskörper geliefert werden kann, fällt die ganze Erklärung für diese Abbildung einschließlich der Zuordnung einzelner Himmelskörper und auch betr. die eines behaupteten „Zwölften Planeten" in sich zusammen.

Übrigens: **Außer der Sonne** sind auf der Abrollung von VA 243 **nur elf** Himmelskörper zu sehen, den Mond inbegriffen, und keine zwölf! Und schon gar nicht die Sonne und **zwölf „Planeten"**???

Andere Autoren behaupten grundlegend Anderes: die kugelartigen Erhebungen seien nichts anderes als reine Ornamentik, mit der man eine sonst markant leere Stelle des Siegels habe füllen wollen. Der große Stern sei keine Sonne, sondern stelle eine „Gottheit" dar.

Was von all dem zu halten ist, mag der Leser selbst beurteilen, wenn er weiter gelesen hat …

Wir sehen uns zuerst die seitenrichtige Abrollung des Siegelzylinders näher an und beginnen mit der angeblichen **Übersetzung der so genannten Legende.**

In seinem Buch „Vorderasiatische Rollsiegel", Berlin 1940, bringt Anton Moortgat auf S. 101 eine „Lesung" der drei Textspalten der Bildlegende von VA 243. Spalte 1 (oben rechts) soll lauten *dub-si-ga,* Spalte 2 *ili-il-la-at* und Spalte 3 *ir*$_3$*-su*. Sein Übersetzungsversuch: „Dubsiga" ist angeblich der Eigenname einer mächtigen Person, „ili-il-la-at" bringt angeblich den Eigennamen des Siegelbesitzers und *ir*$_3$*-su* hat angeblich die Beteuerung „dein Knecht".

Das hätte, wenn richtig, mit Astronomie oder „Planeten" nun aber wirklich nichts zu tun.

Niemand hat diesen Übersetzungsversuch seither hinterfragt – im Gegenteil, er wurde von zahlreichen wissenschaftlichen Arbeiten, die sich mit VA 243 befasst haben, immer wieder unkritisch übernommen. Doch ist er, wie so Vieles aus der damaligen Anfangszeit der Sumerischkenntnisse, gründlich misslungen.

Wie soll man denn auch ohne Wissen um *né-bé-ru* = die *„Fähre"* des *E.a*-Sohnes *Asar.lu*$_2$*.chi,* die Zeichnung in der Mitte von VA 243 als *„Pflug/Durchpflügender"* deuten, als *MUL.APIN* = (wörtlich:) *Himmelsobjekt Pflug.* Und wie soll man ohne Kenntnis der doppeldeutigen Ausdrucksweise der Priesterfürstin Encheduanna ahnen, dass wie bei der Zeile 272 ihrer „Tempelhymnen" das gelesene *dub* auch hier als Wortzeichen *DUB* zu verstehen ist? Das aber hat gemäß Professor Deimel [5] die Bedeutung von *DU-U*$_2$*-GU*. Dafür hatten wir in den „Tempelhymnen" [6] bei Zeile 272 wörtlich *„brennen von Aufsteiger-Brennstoff"* gefunden. Dann kann man die Spalte 1 von VA 243 begreifen *ga* = **Er steht bereit**

si = **zum Auffüllen**

DU-U$_2$*-GU* = **und Brennen von Aufsteiger-Brennstoff.**

Spalte 2 schließt sich logisch an, wenn man den Kontext beachtet. Dann ist, richtig „gelesen",

at = *ad*$_2$ = **Zum Wegfahren**

la = **überprüft**

il = **das Einfüllen**

ili = *i*$_3$*-li*$_2$ = **dieser Mann.**

Wie im Sumerischen üblich steht bei *ili* kein bestimmter oder unbestimmter Artikel, doch ist die Wortstellung so, dass **dieser** Mann betont wird. Grundsätzlich: beim „Lesen", d.h. der Transkription von Keilschriftzeichen in abc-Schrift, sollten Sumerologen bitte die Homophone beachten, hier durch die Fußzahlen richtig dargestellt …

Die kurze Spalte 3 bringt dann noch:

ir$_3$ = **Gestank**

su = **breitet sich aus.**

Was bedeutet diese Aussage zusammen mit den Bildzeichen, die auf dem Siegelabdruck zu sehen sind?

Wer die „Tempelhymnen" der Priesterfürstin Encheduanna kennt, versteht sofort. In der am Anfang dieser Untersuchung abgedruckten Zusammenfassung der Kernaussagen dieser Berichte aus [7] hatten wir vermerkt:

„Als Treibstoff für den Flugverkehr wird auf der Erde mit einem einfachen Verfahren aus Kalkstein Karbid zur Herstellung von Karbidgas = Azetylen erzeugt und zumindest in bestimmten Fällen im Flugbetrieb mit einem Erdölabkömmling vermischt. Das von der

Priesterfürstin mit seinen einzelnen Stufen genau beschriebene Produktionsverfahren kann physikalisch und chemisch einwandfrei nachvollzogen werden."

Demnach ***steht ein Mann bereit***, Kalkstein in einem Brennofen ***aufzufüllen***, um nach doppeltem ***Brennen*** Karbid als Basis für die Herstellung von Azetylen, den ***Aufsteiger*-Brennstoff,** zu erzeugen.

Zum Wegfahren – damit der *„Pflug"*, gezeigt als Emblem in der Mitte von VA 243, der *MUL.APIN* = die *„Fähre"*, starten und aufsteigen kann – **überprüft dieser Mann das Einfüllen** von Karbid/Azetylen in das in den „Tempelhymnen" auch *„Licht"* genannte Gefährt. Dabei **breitet sich Gestank** aus.

Mit anderen Worten: dem rechts Sitzenden, durch Kleidung und Kopfbedeckung als hohes Mitglied der *Dingir* gekennzeichnet, stellt ein in der Mitte stehender Hilfs-*Dingir* = ein *A.nun.na* den links stehenden Menschen-Mann vor, der die *„Fähre"*, den *„Durchpflügenden"*, als **startbereit** meldet. (Allgemein gesehen lautet der Titel dieses Mannes im Übrigen ***Einfüll-Chef***, auf Sumerisch *EN.SI*. Womit wir für bisher ratlose Sumerologen auch die Bedeutung dieser Bezeichnung geklärt haben. Es handelte sich keineswegs, wie sie behaupten, ursprünglich um einen „Stadtfürsten" ...). Der Hilfs-*Dingir* zeigt mit seiner linken Hand auf den *EN.SI* und nimmt diesen mit seiner rechten Hand an dessen linker Hand.

Eindeutig eine Vorstellungsszene und keine „symbolische Weihinschrift" – wie von einem Forscher behauptet worden ist, der die Legende nicht beachtet hat ...

Rechts unter dem sitzenden hohen *Dingir* wird mit symbolischen Bergen auf *CHUR* = *das Feindesland* verwiesen, eines der möglichen Ziele der auch *„Lärmend-Stinkender"* genannten *„Fähre"*, die dann als *Dingir*-**Waffe** benutzt wird. Rechts oben neben dem *EN.SI* ist ein Sonnensystem zu sehen, das andere mögliche Ziel, das *mul.mul*. Dieses **sumerische** (wörtlich für *mul.mul*!) *„Glitzernde aus Glitzernden"* = *Himmelsobjekt aus Himmelskörpern* darf nicht mit unserem heutigen

Sonnensystem verwechselt werden und ist auch nicht identisch mit der von Sitchin behaupteten sumerischen Sicht eines vorzeitlichen Sonnensystems!!!

Nachdem durch unsere Übersetzung Klarheit über den Inhalt der Legende herrscht, nun zurück zu diesem **so genannten „Sonnensystem" auf der Zylinderabrollung**.

Da man dort um die Sonne herum keine 12 sondern nur 11 „weitere Objekte" zählen kann, sollten die Sitchin-Anhänger aufhorchen. Nach ihm sind dies 9 normale, heute (einschließlich dem inzwischen deklassierten Pluto) bekannte „Planeten" plus Mond und als **elftes** Objekt der „**Zwölfte** Planet" = NIBIRU. Siehe oben seine Abb. 101 mit all ihren Unklarheiten. Wir müssen aber gemäß *MUL.APIN* und *Astrolab* davon ausgehen, dass die Sumerer nur 5 Planeten gekannt haben: Merkur, Venus, Mars, Jupiter und Saturn. Dazu zählten sie noch die Erde und den Erdmond. Womit 7 von den 11 die Sonne umkreisenden *Himmelsobjekten* erklärt wären. Einige Forscher führen dann noch an, die Sumerer hätten die 4 größten Monde des Jupiter gekannt und als dessen *„Hunde"* mitgerechnet. Dann wären wir bei 11 um die Sonne Umlaufenden – **und für einen NIBIRU ist kein Platz.**

Auch der *Himmelskörper*, der als MITTELPUNKT die Abrollung ziert, kann nicht als Planet NIBIRU gedeutet werden, da die Sumerer (und alle nachfolgenden anderen Mesopotamier) keinen NIBIRU-Planeten gekannt haben, wie wir weiter vorne durch unsere umfassende Textsuche bewiesen haben.

Worum aber handelt es sich dann bei diesem „Punkt", dieser „Kugel", in der Mitte des Siegelabdruckes?

Die Lösung ist simpel. Erinnern wir uns doch daran, dass die höchststehende *Dingir*-Persönlichkeit in der Abbildung das Emblem von *MUL.APIN*, dem *„Durchkreuzer"*, der *„Fähre"*, gewissermaßen als Befehlsstab hoch hält. Gemäß der richtig übersetzten Legende geht es um den Aufstieg dieses Flugapparates. Start wohin? Zum weiter oben textlich herausgearbeiteten Herkunftspunkt , dem auch von Encheduanna beschriebenen *gisch.nim* = „Oben-Gerät“ = „*Himmel*“.

Der „*Himmel*“ ist - seiner Bedeutung entsprechend - der Mittelpunkt des Siegelabdrucks, die „Kugel“ in der Mitte !!!

Daraus ergibt sich dann die nach unserer Ansicht richtige Zuordnung aller Rundungen auf der Zylinderabrollung. Das *mul.mul* , das allgemein so genannte „Sonnensystem der Sumerer“, war nicht identisch mit dem, was man heute normalerweise unter „unser Sonnensystem“ versteht ... Es war erst recht nicht identisch mit der Vorstellung, die Sitchin - wie oben im Einzelnen kritisiert - uns mit seiner Abbildung 101 glauben machen wollte.

Tafel 13: Zuordnung der Himmelskörper gemäß der sumerischen Sicht:

H = Himmel, ME = Merkur, VE = Venus, E = Erde, Mo = Mond, Ma = Mars, Ju = Jupiter, Sa = Saturn, 1,2,3 und 4 = Jupitermonde

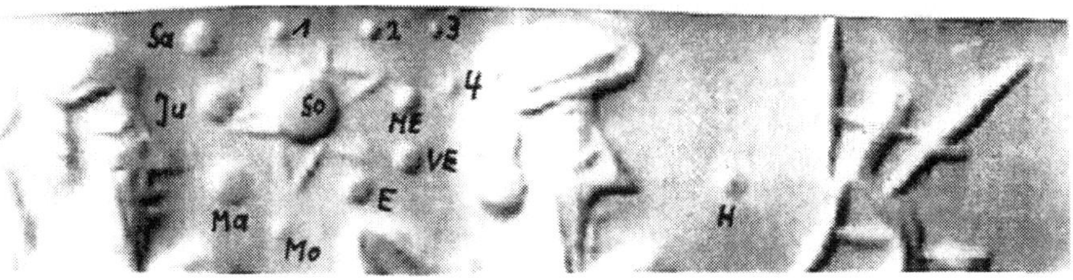

Auch das in der Literatur zu beobachtende moderne Herum-Messen an den „Punkten“/„Kugeln“ der Abrollung kann unserer Ansicht nach nichts beweisen. Erstens hat die für die Herstellung des Tonzylinders vor etwa viereinhalb tausend Jahren verfügbare Technik die für eine Größenaussage notwendige Feinjustierung wahrscheinlich nur eingeschränkt erlaubt. Zweitens kann niemand sicher unterscheiden, ob der Hersteller unterschiedlich große „Punkte“ darstellen wollte oder - wie verschiedentlich behauptet - „Kugeln“, über deren angeblich messbare Durchmesser man Massen berechnen kann. Drittens kennen wir die **damaligen** Vorstellungen über die Größe der gemeinten Himmelsobjekte überhaupt nicht oder müssen sie gar als absurd ansehen – siehe angebliches Verhältnis von Sonne und „Mond" (= Raumschiff?) erwähnt im nachfolgenden Abschnitt ... Viertens hält der sich wiedersprechende Autor Sitchin in der erwähnten Textklammer zunächst fehlende Maßstabtreue **aller** Abbildungen fest, behauptet kurz später aber Größenübereinstimmung zwischen der Siegel-Abrollung und seiner Abbildung 100. Fünftens kann die als NIBIRU behauptete Identität des Himmelskörpers links oben in der Abrollung nicht mittels eines Vergleichs von Größenverhältnissen geführt werden, da wir für den von Sitchin behaupteten „Zwölften Planeten" **nirgendwo, nirgendwo** in den alten Keilschrifttexten einen Existenz-Beweis, geschweige denn Maßangaben finden konnten. Siehe dazu auch weiter vorne unter „Wortschleier trüben die Einsicht" die Bemerkungen zu Sitchin´s grundfalscher Deutung von *schar* und zu den auf dieser falschen Basis behaupteten 3.600 Jahren Umlaufzeit.

Ein nicht gefundenes Nichts ohne Maßangabe kann man keiner „Kugel" auf VA 243 zuordnen, eine Identität damit beweisen wollen und erst recht nicht mit anderen „Kugeln" betreffend Durchmesser und Masse vergleichen ...

Übrigens: wer zwei Reihen von Größenangaben zu irgendwelchen Vergleichszwecken in Logarithmen umwandelt, sollte wissen, dass er damit zunehmende natürliche Größenunterschiede in zunehmendem Maße überproportional so reduzieren kann, dass die zu vergleichenden Reihen zunehmend an Vergleichswert verlieren.

Der „*Himmel*“: Größer als Sonne oder Mond, aus Glanzmetall, ringförmig und mit Speichen?

An dieser Stelle sollte nach dem ursprünglichen Plan der Untersuchung eine eingehende Analyse **anderer** Abbildungen aus Sumer, Babylonien oder Assyrien folgen. Manche Autoren bringen in den letzten Jahren in ihren Büchern eine ganze Reihe davon, um zu beweisen, dass es den „Zwölften Planeten“ irgendwann gegeben hat.

Dass man sich getäuscht haben muss, geht aus den oben richtig gestellten Übersetzungen hervor.

Wir haben dann überprüft, ob man auf den von Sitchin zusätzlich zu VA 243 zitierten Abbildungen oder den Abbildungen bei anderen Autoren Beweise für die Raumstation „*Himmel*“ finden kann und vielleicht sogar Hinweise auf deren Form entdeckt.

Man kann beim Betrachten dieser anderen „Bildchen“ viel vermuten – **beweisen kann man damit nichts**, weil es über die Jahrtausende hinweg keine einheitliche und kontinuierliche Bildsprache gegeben hat. Mal findet man Himmelskörper in einem Kreis, mal ohne umlaufende Linie. Mal haben die Himmelskörper 5, 6, 7 oder gar 8 Sternspitzen. Mal haben sie in einem Kreis Speichen, die nach außen spitz zulaufen, mal werden diese Speichen nach außen breiter. Mal ist eine Radnabe zu erkennen, mal konzentrische Ringe.

Encheduanna hat uns mehrfach berichtet, das Raumschiff sei *glanzmetallen* gewesen und man habe von außen her in ein verhältnismäßig großes „*Innere*“ mit dem „*Licht*“ gelangen können. Man könnte vermuten, es habe als eine Art Rad innerhalb eines Aussenringes nicht zu enge Speichen hin zu einer Mittelnabe aufgezeigt und vielleicht noch ein, zwei Zwischenringe. Doch das müssen leider Vermutungen bleiben.

Für diese Vermutungen sprechen auch Hunderte von Zitaten aus Texten, die zwei bis drei Tausend Jahre alt sind, aus verschiedenen Kulturkreisen stammen und von Dieter Bremer in einer eindrucksvollen Fleißarbeit gesammelt und geordnet worden sind [22].

In der gleichen Quelle verweist er auf andere Stellen aus verschiedenen Zeiten und Kulturkreisen, wonach die Raumstation von diesem oder jenem Volk mit einem, zwei, ja drei Monden gedanklich verbunden worden ist. Von anderen sei sie als eine Art Ur-Mond angesehen worden sei. Der heutige Mond sei erst später entstanden.

Der gleiche Autor hat uns gegenüber in einer persönlichen Mitteilung am 22.12.15 eine 1931 veröffentlichte Stelle aus einer Übersetzung von Dr. Erich Ebeling zitiert. In dessen Buch „Tod und Wiederauferstehung in Mesopotamien" finde man folgende Aussage: „40 beru ist der Umfang der Sonne, 60 der des Mondes". Bremer kommentiert dazu: „Da jeder heute sehen kann, dass Sonne und Mond SCHEINBAR gleich groß sind, zumindest von der Erde so wirken, ist klar, dass mit dem deutlich größeren Mond die Raumstation gemeint ist". Wir müssen zu dieser Behauptung nicht Stellung nehmen, möchten aber eine Erläuterung anfügen. Das *bêru* ist eine babylonische Längeneinheit, die ungefähr 10,5 km entspricht. Die Sonne soll nach der zitierten Übersetzung demnach einen Umfang von 420 km gehabt haben, der Mond = Raumstation (?) einen Umfang von 630 km?

Wirklich???

An dieser Stelle unserer Arbeit angekommen, haben wir eine eingehendere Analyse von Abbildungen und von weiteren Zitaten ausgeschlossen und Tafel 2 und 3 ausformuliert, um sie weiter vorne zu präsentieren. Und dann gab es wieder einen der Zufälle, die wir in den letzten Jahren so oft bei unseren Übersetzungen angetroffen haben. Am Ende der Tafel 3, die sich mit den Keilschriftzeichen für *mul* beschäftigt, wollten wir eine Art Gegenprobe machen. Das ePSD [23] bietet nämlich auch an, für ein englisches Wort den entsprechenden sumerischen Begriff mit Keilschriftzeichen zu liefern. Für „Stern" fanden wir *mul-an* und als Keilschriftzeichen die drei bekannten Sternchen von *mul* ergänzt durch ein nachfolgendes Sternchen für AN/*an*. Wir gingen einen Schritt weiter und entdeckten dort eine Zusammenstellung aller bekannten Keilschriftstellen, an denen der Begriff *mul-an* angeblich erscheint. Mehrheitlich sollte dabei gemäß einer Erläuterung angeblich ein „himmlischer Stern" gemeint sein.

mul-an ein „himmlischer Stern"??? Die soeben erwähnte Zusammenstellung aus dem ePSD, in der alle bekannten Keilschriftstellen aufgeführt werden, in denen der Begriff *mul-an* angeblich erscheint, geben wir nachfolgend in Tafel 14 wieder.

Bei einem flüchtigen Blick auf die Aufzählung fiel uns sofort die Stelle aus Quelle 4.80.1 auf, die wir selbst im Rahmen der „Tempelhymnen" schon eingehend behandelt hatten. Wir hatten dort aber die Keilschriftzeichen anders „gelesen" und waren zu einer gänzlich anderen Übersetzung gekommen …

Kritisches Interesse stieg deshalb auf.

Da stimmt doch etwas nicht? Hatten wir uns derart getäuscht? Sollten wir darüber einfach hinweggehen?

Nein!!!

Knifflige Arbeit zeichnete sich ab.

Tafel 14: Keilschrift-Fundstellen für 14 Beweise aus Sumer, wonach mul-an die Raumstation „Himmel" der Dingir war:

The Electronic Text Corpus of Sumerian Literature

ETCSL home
Site map

Search for [mul-an] as [form] sort by [keyword]

in category [All texts] or in comp. no(s).

ETCSLhelp
Display conventions

Encode char. as: [ĝ] Display: [Crit] ☑ Full text in new window / ☐ Full para. in gloss

Result: 14 line(s)

c.2.4.2.02/Tr/Gl	niĝ$_2$-umun$_2$-a en$_3$-du-ĝu$_{10}$ ḫe$_2$-en-pad$_3$-de$_3$	**mul-an**	ḫe$_2$-u$_3$-tud
c.2.4.2.05/Tr/Gl	e$_2$-ĜEŠTUG$_2$ ^{d}NISABA niĝ$_2$-umun$_2$-a gal-gal mu-bi-še$_3$	**mul-an**	kug-gin$_7$ bi$_2$-sar
c.2.2.2/Tr/Gl		**mul-an**	kug-gin$_7$ nam-mu-un-ḫa-lam-e igi-zu ḫe$_2$-bi$_2$-ib-dib$_2$-be$_2$
c.2.4.2.07/Tr/Gl	en nam-nun-na-ni-še$_3$ ni$_2$ gal im-guru$_3$	**mul-an**	šu du$_7$-a
c.1.6.2/Tr/Gl	munus	**mul-an**	nun-e abzu-ta gal-le-eš-e sig$_7$-ga
c.2.1.7/Tr/Gl	dub	**mul-an**	dug$_3$-ga im-mi-ĝal$_2$
c.2.1.7/Tr/Gl	ĝarza-ĝa$_2$	**mul-an**	kug-ba gu$_3$ ga-mu-ra-a-de$_2$
c.2.4.2.05/Tr/Gl	nu-ḫa-lam-e	**mul-an**	sag$_2$ nu-di mu da-ri$_2$ mu-tuku$_2$$^?$
c.2.5.1.3/Tr/Gl	munus	**mul-an**	ḫe$_2$-me-a nin kug-zu niĝ$_2$-nam-še$_3$ ĝal$_2$-la
c.4.16.1/Tr/Gl	dub	**mul-an**	kug-ta šag$_4$ im-ma-da-kuš$_2$-u$_3$
c.4.16.1/Tr/Gl	nin	**mul-an**	gun$_3$-a
c.4.80.1/Tr/Gl	e$_2$-nun-an-na	**mul-an**	men$^?$ ^{d}nin-gal-e tud-da
c.6.1.19/Tr/Gl	ḪAR-da	**mul-/an$^?$**	\ […] ku$_6$-da engur-/ra\ […]
c.2.6.9.5/Tr/Gl	mu šar$_2$-a	**mul-an**	za-gin$_3$-gin$_7$ šid-bi nu-til-le sag̃-e-eš rig$_7$-mu-na-ab

http://etcsl.orinst.ox.ac.uk/cgi-bin/etcsl.cgi?simplesearchword=&simplesearch=&sear... 03.06.2016

Vierzehn Beweise aus Sumer: *mul-an*, das „*Himmelsobjekt des An*“, war eine Raumstation !!!

Wenn wir nun der Reihe nach die Zitate überprüfen, dann werden die Stellen präsentiert nach der in Tafel 14 vorgestellten Tabelle aus dem „The Electronic Text Corpus of Sumerian Literature“, kurz ETCSL, Quelle [23], unter Aufrufen der Klassifizierung nach Nummern.

Angesichts des Arbeitsaufwandes, der mit der wissenschaftlich einwandfreien Bearbeitung jeder einzelnen erwähnten Zeile bereits verbunden ist, konnte es dabei nicht unsere Aufgabe sein, jede der zitierten Zeilen auch noch mit ihrer weiteren Umgebung durch umfassende Übersetzungen zu prüfen. Wir beschränken uns daher normalerweise - aber nicht immer - gezwungenermaßen darauf, den unmittelbaren Kontext zu beachten und zu berichten, welchen angeblichen größeren Zusammenhang die jeweiligen Übersetzer vorgeben.

2.4.2.02: Ein Selbstlob von König Schulgi (Schulgi B)

Die gefundene Transkription der Zeile 307 lautet unter Beachtung der von den Vorbearbeitern gelieferten Unterteilung und unter Weglassen einzelner diakritischer Zeichen:

Z 307: nig$_2$*-umun*$_2$*-a/en*$_3$*-du-gu*$_{10}$*/che*$_2$*-en-pad*$_3$*-de*$_3$*/mul-an/che*$_2$*-u*$_3$*-tud*

Statt eines drucktechnisch nicht verfügbaren diakritischen Zeichens unter dem **h** haben wir dabei, weil näher an der sumerischen Aussprache, **ch** geschrieben.

Gemäß den Vorbearbeitern geht es um einen künftigen, noch unbekannten Nachfolger für König Schulgi, den dieser angeblich auffordert, uralte Hymnen zu pflegen. Unter dieser Prämisse bietet das ETCSL die Übersetzung

Z 307: ... he should choose my hymns as examples, and himself beget heavenly writings.

Behauptete Übersetzung demnach auf Deutsch:

... er soll meine Hymnen als Beispiel wählen und selbst himmlische Texte gestalten.

Erstes Erstaunen: plötzlich soll *mul-an* nicht „himmlischer Stern" bedeuten sondern „himmlische Texte"?

Zweites Erstaunen: Das ETCSL liefert – selbst für eine moderne Bearbeitung immer noch recht ungewöhnlich – ebenfalls die Zeichennamen der im Keilschriftoriginal anzutreffenden **Wort**zeichen. Wir bringen sie wie am Ort geschrieben, obwohl wir mit der teilweise verwirrenden Schreibung nicht einverstanden sind, weil sie subjektiv bereits Zusammenfassungen vornimmt, die nicht zutreffen müssen.

GAR-UMUM-A/LI-DU-MU/GAN-EN-IGI.RU-NE/AN/AN.AN-AN/GAN- IGI.DIB-TU

Die Erfahrungen mit fremden Transkriptionen veranlassen uns, nicht von der gelieferten Transkription sondern von den glücklicherweise vorhandenen Zeichennamen auszugehen. Wir erstellen für jedes Wortzeichen umfangreiche Bedeutungstabellen, die wir jedoch dem Leser ersparen.

Die Ansammlung der drei plus ein *AN*-Zeichen lesen auch wir als *mul-an*, geben diesem aber wie in der bisherigen Untersuchung sofort für die Übersetzung versuchsweise den Wert *„Himmelsobjekt des An"* oder deutlicher Raumstation *„Himmel"*.

Wir wundern uns, dass *GAN* zweimal *„soll/möge"* befehlen soll und treffen unter seinen anderen Aussagen auch *„großer Kessel/Fahrzeug/Schiff"*. Dann muss *LI-DU* nicht *„Gesang/Hymne"* meinen, sondern kann in Richtung *„feines Öl"* verstanden werden. Das anschließend kommende *MU* wäre ein Verbum *„zubereiten"*, weshalb das im nächsten gelieferten Wortblock nachfolgende *GAN* tatsächlich einen *„großen Kessel"* ansagt. Es ist damit **barer unwissenschaftlicher Unsinn**, den aus vier Zeichen bestehenden Rest dieses angeblichen Wortblockes simpel als *„finden/wählen"* begreifen zu wollen.

Das *EN* in diesem Rest ist mit seiner ursprünglichen Aussage *„Oberer/Chef/Leiter"* zu nehmen und spielt an auf den von Schulgi angedachten künftigen „König". *RU* meint auch *„beschleunigen"* und für *NE* bedienen wir uns bei Encheduanna. In der Wörterliste in Quelle [7] haben wir auf die Zeilen 27, 68, 88 und 429 der „Tempelhymnen" hingewiesen und *ne*2 als Flugapparat *„Glänzer"/„der mit dem Feuerschein"*, erfasst.

Den Rest unserer sumerologischen Überlegungen ersparen wir dem Leser. Den Vorbearbeitern folgen wir insofern, als wir die ganze Zeile im so genannten Prekativ sehen und deshalb mit „möge/soll" arbeiten. Unsere Fassung:

> **Z 307: ... einen Wagen möge er mit Rohstoff stellen, um gutes Öl im großen Kessel zu bereiten. Der Obere/Dieser König möge in Richtung auf den *„Himmelskörper des An"* den „Glänzer" beschleunigen zum Aufsteigen nach hoch oben.**

Ergebnis: *mul-an* ist an dieser Beweisstelle nicht, wie behauptet, ein *„himmlischer Text"* oder *„himmlischer Stern"* sondern der bekannte ***Himmelskörper des An*, die Raumstation!!!**

2.4.2.05: Ein Selbstlob von König Schulgi (Schulgi E)

Zeile 246

Die gefundene Transkription der Zeile 246 lautet unter Beachtung der von den Vorbearbeitern gelieferten Unterteilung und unter Weglassen einzelner diakritischer Zeichen:

Z 246: e$_2$*-GESTUG*$_2$*.*^{d}*NISABA/nig*$_2$*-umun*$_2$*-a/gal-gal/mu-bi-se*$_3$*/mul-an/kug-gin*$_7$*/bi*$_2$*-sar*

Gemäß den Vorbearbeitern geht es um lobende Worte von ^{d}*En.ki* für Schulgi, die nie vergessen werden sollen. Er habe dieses Lob deshalb Linie für Linie niedergeschrieben. Die zitierte Textstelle soll beschreiben, wo und wie er sie niedergeschrieben hat. Unter dieser Prämisse bietet das ETCSL die Übersetzung

Z 246: … in the House of the Wisdom of Nisaba in holy heavenly writing as great works of scholarship.

Behauptete Übersetzung demnach auf Deutsch:

… im Haus der Weisheit der Nisaba als heilige himmlische Texte betreffend große Werke der Gelehrsamkeit.

Auch hier unsererseits Erstaunen darüber, dass *mul-an* nicht wie grundsätzlich angesagt „himmlischer Stern“ bedeuten soll, sondern „himmlische Texte“.

Auch hier ein zweites Erstaunen: Das ETCSL liefert ebenfalls die Zeichennamen der im Keilschriftoriginal anzutreffenden Wortzeichen. Wir bringen sie wie am Ort geschrieben, obwohl wir mit der teilweise verwirrenden Schreibung nicht einverstanden sind, weil sie wiederum subjektiv bereits Zusammenfassungen vornimmt.

E$_2$*-GESTUG*$_2$*-AN-NISABA/GAR-UMUM-A/GAL-GAL/MU-BI-ES*$_2$*/AN/AN.AN-AN/KU*$_3$*-DIM*$_2$*/NE-SAR*

Die Erfahrungen mit fremden Transkriptionen veranlassen uns auch hier, nicht von der gelieferten Transkription sondern von den glücklicherweise vorhandenen Zeichennamen auszugehen. Wir erstellen für jedes Wortzeichen umfangreiche Bedeutungstabellen, die wir jedoch dem Leser ersparen.

Als erste Überraschung springt uns gleich am Anfang die Bezeichnung der Tempelherrin ins Auge – oft auch in Transkriptionen als *NI.SA.BA* geschrieben. Die erwähnten Wortzeichen waren für uns bei der Bearbeitung der Tempelhymne Nr. 49 in Quelle [6], Zeile 533, als Nispe zu begreifen und wir fanden damals zusammen mit **konventionellen** Hinweisen als vorläufige Deutung *„Die wahrlich äußerst wichtige Dingir-Dame aus dem Waldgebiet mit dem Feurigen".*

Als wir uns dann später im zweiten Teil unserer Untersuchungen in Quelle [7] um das *In.an.na*-Rätsel bemühten, überkam uns aber – ja was denn? – ein Schock oder eine Erleuchtung ...!?!

Auf den alten Tontafeln stand offensichtlich nichts von einer *NI.SA.BA*!!!

Statt weiter **Konventionen** zu folgen, gingen wir selbst auf Entdeckungsreise. Beim Vergleichen mit Zimmern [1] erschien dort zwar für Zeile 533 die gleiche Bezeichnung in der Umschrift, doch kam in einer Fußnote der Hinweis, geschrieben sei vielmehr das Zeichen *„elteg"*. Auch suchten wir im Internet bei *oracc.museum.upem.edu* unter „Ancient Mesopotamien Gods and Godesses" nach der Tempelherrin und fanden zunächst nur eine *Nidaba*. Von der wurde dann dort berichtet, sie sei zuerst in archaischen Texten aus Ur als ^{d} *NAGA* oder später ^{d} *SCHE.NAGA* aufgetaucht. Man habe in lexikalischen Texten festgestellt, die **akkadische (!) Aussprache (!)** habe *ni-is-sà-ba/ni-da-ba* gelautet. **Auf den Keilschrifttafeln stand daher – genau wie einmal in Z 531 und zweimal in Z 532 – in Z 533 offensichtlich zweimal *„elteg"* = *NAGA*. Schließlich schälte sich heraus, auch die Umschrift *eresch*$_2$ für die Ortsbezeichnung be-**

ruhte auf *NAGA*. Dieses Wortzeichen kam dann, nach den originalen Tontafeln zu urteilen, noch mehrmals vor in den Z 540, Z 542 und Z 545.

Damit war *„elteg"* = *NAGA* = *$eresch_2$* und auf Deutsch identisch mit *Karbid*, womit Eresch als „Karbidstadt" erkannt wurde und die Tempelherrin statt *NI.SA.BA* richtig plötzlich eine *Dingir*-Dame *NAGA* war, als Nispe wörtlich „Die mit dem Karbid".

Hier, in diesem Selbstlob des Königs Schulgi, war dann der am Anfang der Zeile 246 stehende Name des „Hauses" = Tempels leicht zu knacken.

Weiter hinten in der Zeile folgen auf *mul-an* die für uns ebenfalls leicht verstehbaren Zeichen *KU_3-DIM_2* = *„aus Glanzmetall geschaffen"*. *NE SAR* war etwa *„unter Feuer wegfahren"*.

GAR-UMUM-A konnte aber nicht wie oben bei der ersten hier bearbeiteten Schulgi-Hymne einen *„Wagen mit Rohstoff stellen"* meinen. Die Bedeutungstabellen geben auch *„einst Rohstoff erzeugen"* her. Diese Herstellung wurde für den Tempel der *Dingir*-Dame *NAGA* von Encheduanna in Hymne Nr. 49 mit Einzelheiten dargelegt, wobei der *„Rohstoff"* halt *NAGA* = *Karbid* war.

Bezüglich *$ESCH_2$* erinnern wir an den weiter vorne stehenden Abschnitt über den *„Himmel"*. Wir haben dort auf Tempelhymne Nr. 15 der Enchduanna verwiesen. In unserer Quelle [6] wird in diesem Zusammenhang Zeile 191 behandelt, wo *„etwas wie eine Falle"* außen an der Raumstation beschrieben wird, das als Landeklappe für das *„Licht"* = *„Fähre"* dient.

Der Rest der Zeile ist dann ein Kinderspiel:

> **Z 246: ... im Tempel der *Dingir*-Dame *NAGA* ist einst Rohstoff/Treibstoff erzeugt worden für den sehr großen Flugapparat, von dem man sagt, dass dieser aus**

der Falle/der Landeklappe des aus Glanzmetall geschaffenen *Himmelskörpers des An* unter Feuer weggefahren sei.

Ergebnis: *mul-an* ist auch an dieser Beweisstelle nicht, wie behauptet, ein „*himmlischer Text*" oder „*himmlischer Stern*" sondern der bekannte ***Himmelskörper des AN*, die Raumstation!!!**

Zeile 248

Es ist nicht ersichtlich, weshalb diese Zitatstelle in der in Tafel 14 präsentierten Zusammenfassung erst viel später auftaucht. Sie ist von der soeben bearbeiteten Z 246 nur durch eine Zeile getrennt, weshalb wir die Analyse vorziehen. Da der von den bisherigen Bearbeitern behauptete Kontext wegen des nun festgehaltenen Inhaltes der Z 246 nicht zutreffen kann, hätten wir gerne die dazwischen liegende Zeile 247 selbst untersucht. Leider stand uns weder die originale Tontafel zur Verfügung noch haben wir eine Aufzählung der Wortzeichen für diese dazwischen liegende Z 247 gefunden. Die Transkription im ETCSL kann als unglaubwürdig nicht verwendet werden. Obwohl dies betr. die Transkription auch für Z 248 gilt, bringen wir diese doch, um zu zeigen, wie die falsche Übersetzung dieser Zeile auf Englisch vielleicht zu erklären sein könnte.

Z 248: ha-lam/mul-an/sag$_2$/dug$_4$/mu/da-ri$_2$/tuku

Das ETCSL bietet als englische Übersetzung

Z 248: It shall not be forgotten, since indestructible heavenly writing has a lasting renown.

Behauptete Übersetzung daher auf Deutsch:

Es soll nicht vergessen werden, da unzerstörbare himmlische Schrift einen bleibenden Ruhm hat

Das ETCSL liefert hier glücklicherweise ebenfalls die Zeichennamen der im Keilschriftoriginal anzutreffenden Wortzeichen. Wir bringen sie wie am Ort geschrieben, obwohl wir auch hier sofort mit der teilweise verwirrenden Schreibung nicht einverstanden sind, weil sie subjektiv bereits Zusammenfassungen vornimmt.

Z 248: NU-HA-LAM-E/AN/AN.AN-AN/PA.GAN/NU-DI/MU/DA-URU/MU-TUG$_2$

Wir erstellen für jedes Wortzeichen umfangreiche Bedeutungstabellen, die wir jedoch dem Leser bis auf *PA* ersparen.

PA: Flügel, Zweig, Wedel (frond) // Überwacher, Vormann, Anleiter // Szepter // hell scheinen, explodieren // Schaden, Sünde, Schamlosigkeit // sich ertränken, Jungmann, schlagen, niederwerfen, zerstreuen, töten // Beutel (pouch).

Wir entscheiden uns für *hell scheinen*, da es zu dem vorausgehenden *mul-an* passt. Das Subjekt des ersten Blocks ist *LAM = „Brenner"*, der *E = aufsteigt.* Dies kann jeder mit Düsenantrieb versehene Flugapparat sein. *NU* ist in dieser Zeile einmal als *kein* zu nehmen und zum anderen als *schnell drehend.* Unter den vielen Bedeutungen von *MU* passt hier einmal *sprechen*, im zweiten Fall *Weisungen*. Daher unsere Übertragung:

> **Z 248: Ein schnell drehender *„Brenner"* soll aufsteigen, wenn das *Himmelsobjekt des An* hell erscheint. Kein Urteil möge es für die Stadt sprechen, sondern Weisungen bringen.**

Ergebnis: Statt einer *„himmlischen Schrift"* finden wir „es", das *Himmelsobjekt des An*, die Raumstation.

2.2.2: Die Ur-Wehklage

Die gefundene Transkription der Zeile 426 lautet unter Beachtung der von den Vorbearbeitern gelieferten Unterteilung:

Z 426: mul-an/kug-gin$_7$/nam-mu-un-cha-lam-e/igi-zu/che$_2$-bi$_2$-ib-dib$_2$-be$_2$

Statt eines drucktechnisch nicht verfügbaren diakritischen Zeichens unter den beiden **h** haben wir dabei, weil auch näher an der sumerischen Aussprache, **ch** geschrieben.

Gemäß den Vorbearbeitern geht es in der Wehklage für das zerstörte Ur an dieser Stelle darum, dass die Stadt nicht wieder zerstört werden soll, wenn neu errichtet. Unter dieser Prämisse bietet das ETCSL die Übersetzung

Z 426: Like a bright heavenly star may it not be destroyed, may it pass before you.

Behauptete Übersetzung daher auf Deutsch:

Wie ein heller himmlischer Stern soll sie nicht zerstört werden, lass ihn vor Dir vorbeigehen.

Das ETCSL liefert hier ebenfalls die Zeichennamen der im Keilschriftoriginal anzutreffenden Wortzeichen. Wir bringen sie wie gefunden unter dem üblichen Vorbehalt.

Z 426: AN/AN.AN-AN/KU$_3$*-DIM*$_2$*/NAM-MU-UN-HA-LAM-E/IGI-ZU/GAN-NE-IB-KU-BI*

Die Erfahrungen mit fremden Transkriptionen veranlassen uns auch hier, nicht von der gelieferten Transkription, sondern von den glücklicherweise vorhandenen Zeichennamen auszugehen.

Der Anfang meint richtig *mul-an* und wird von den Vorbearbeitern als „himmlischer Stern" statt *„Himmelskörper des An"* gesehen. Dieser soll einfach nur *„hell"* sein. Die oben schon bei **2.4.2.05** sprachlich erkannte und hier wiederholte *Fertigung aus Glanzmetall* fällt auf Englisch leider, weil „unpassend", unter den Tisch.

Im mittleren Zeichen-Block fällt am Ende *E* = *aufsteigen* auf, das gemäß *HA* – unser *CHA* – mit *„soll/möge"* verbunden werden soll. Das Subjekt des Aufsteigens ist *LAM* = *„Brenner"*. Dies kann jeder mit Düsenantrieb versehene Flugapparat sein. Welcher Art dieses Flugobjekt ist, steht davor. Es ist gekennzeichnet als *NAM.MU.UN* =

mit der Technik des „Oben-Lärmenden" versehen. Dies ist die Ausdrucksweise, die wir auch bei Encheduanna gefunden haben. Der *„Oben-Lärmende"* ist gleich dem *„Licht"*, damit auch gleich der *„Fähre"*. Ein *„Brenner"* ist kleiner, verfügt aber hier – man beachte die subtile Charakterisierung - über die Technik, die erforderlich ist, um wie die *„Fähre"* zu agieren, d.h. zum *„Himmel"* zu fliegen.

Schwieriger ist das *KU BI* am Zeilenende zu verstehen. *KU* meint *legen/Liegeplatz/Basis*. Aber was bedeutet *BI* hier? Nach langer Suche ein Lichtblick: im sumerischen *emesal*-Dialekt (!) kommt *bi*$_2$ der Wert *i-bi* zu und das heißt *mit Feuer hinausgehen/unter Feuer aufsteigen*. Daher:

> **Z 426: Zum *Himmelsobjekt des An*, aus Glanzmetall gefertigt, soll mit der Technik des *„Oben-Lärmenden"* ein *„Brenner"* aufsteigen. Vor Dir (= *NANA*) möge dieser *„Glänzer"* aus der Mitte der Basis mit Feuer hinausgehen.**

Ergebnis: An dieser Beweisstelle entspricht *mul-an* nicht, wie im ETCSL behauptet, einem *„himmlischen Stern"* sondern dem bekannten *„Himmelsobjekt des AN"*, der Raumstation der *Dingir*.

2.4.2.07: Ein Adab-Lied zu *Dingir En.lil* für König Schulgi (Schulgi G)

Die gefundene Transkription der Zeile 7 lautet unter Beachtung der von den Vorbearbeitern gelieferten Unterteilung, die von uns kritisch gesehen wird:

Z 7: en/nam-nun-na-ni-sche$_3$*/nig*$_2$*/gal/im-guru*$_3$*/mul-an/schu/du*$_7$*-a*

Gemäß den Vorbearbeitern besingt der Anfang dieses Weiheliedes die großartigen Eigenschaften von *En.lil*, dem *Nu.nam.nir*, d.h. dem *„Zweithöchsten Entscheider"* der *Dingir*. Unter dieser Prämisse bietet das ETCSL als Übersetzung

Z 7: Lord, who is imbued with great fearsomeness in accordance with his nobility, a perfected heavenly star, …

Behauptete Übersetzung demnach auf Deutsch:

Z 7: Herr, der in Übereinstimmung mit seinem Fürstentum große Angst verbreitet, ein vollendeter himmlischer Stern, …

Das ETCSL liefert hier ebenfalls die Zeichennamen der im Keilschriftoriginal anzutreffenden Wortzeichen. Wir bringen sie unter dem üblichen Vorbehalt wie am Ort geschrieben:

EN/NAM-NUN-NA-NI-ESCH$_2$/IM/GAL/IM-IL$_2$/AN/AN.AN-AN/SCHU/U.GUD-A

Wir gehen wie üblich von den Zeichennamen aus. Erste Frage dann: Was will uns der lange Zeichenwurm nach dem *EN* mitteilen?

ESCH$_2$ springt ins Auge, die vorstehend unter 2.4.2 schon behandelte *„Falle“* = *Landebucht* an der Raumstation des *An*. Auch *NAM* taucht wieder auf, das man auch diesmal als Umschreibung eines Begriffes erfassen muss, der Kennerschaft andeutet. Ausschlaggebend wird *NUN*.

Wir haben in unserer Quelle [7] dieses Zeichen eingehend behandelt und darauf verwiesen, dass damit das Zeichen 87 im „Sumerischen Lexikon“ von Deimel [5] zur Debatte steht. Dort entdeckt man als Wortzeichen-Namen *NU-UN, ZI-IL, SI-IL, GA-AR* und als von den Babyloniern überlieferte Lautwerte *nu-u-nu* bzw. *nun-nu-nu*. Wenn man diesen Hinweisen nachgeht, findet man:

- *nu-u-nu* = ohne Kontext nicht endgültig deutbar, doch könnte darin *nu* = *Licht* und *nu* = *sich schnell drehen* stecken
- *nun-nu-nu* = *nunnu-nu* = sich schnell drehender Metallgegenstand
- *NU-UN* = als Nispe: Der mit dem sich oben schnell Drehenden
- *ZI-IL* = nutzbar zum Auffüllen
- *SI-IL* = platzieren zum Auffüllen
- *GA-AR* = Liege-Struktur/Hinfahr-Struktur

Die erste Dreiergruppe stellt somit für *NUN* auf *einen sich schnell Drehenden* ab. Offensichtlich gehört auch die letzte Dreiergruppe zu einer einheitlichen Deutungsrichtung, da sie auf einen *Ort/Stelle* abzielt, wo ein Fluggerät *SI-IL = zum Auffüllen platziert,* d.h. gewartet werden kann. Ein *NUN* wäre demnach auch *eine Wartungs-* oder *Hinfahr-Struktur.*

EN NAM.NUN kann daher als *„Der Herr der die Technik des sich schnell Drehenden kennt"* erfasst werden. Der *„Sich schnell Drehende"* ist bei Encheduanna als *„Licht"* oder *„Glänzer"* bekannt.

NA begreifen wir nach den Erfahrungen, die wir in Quelle [7] bei der Übersetzung der Zeilen 482 bzw. 490 gemacht haben, als *niederlegen/ruhen. NAM. … NA.NI.ESCH*$_2$ wäre demnach etwa *Wissen um das Ruhen des „Glänzers" in der Landebucht.*

Das doppelt erscheinende *IM* meint einmal *Wind/Sturm/Gas,* zu anderen *„in Richtung auf"*.

Unsere Übersetzung:

> **Z 7: Der Herr, der die Technik des *„Sich schnell Drehenden"* und seines Ruhens in der Landebucht beherrscht, erhebt sich mit kräftigem Gas in Richtung auf das *Himmelsobjekt des An.* Mit Karbid ist er ein stolzer Aufsteiger.**

Ergebnis: Auch an dieser Beweisstelle entspricht *mul-an* nicht, wie im ETCSL behauptet, einem *„himmlischen Stern"* sondern dem bekannten *„Himmelsobjekt des An"*, der Raumstation der *Dingir.*

1.6.2: Ein *sir-sud* (?) = „Zusammenstellung von weit Zurückliegendem" betreffend den *Dingir Nin.urta*

Das Fragezeichen hinter *sir-sud* ist aus dem ETCSL übernommen. Es zeigt auf, dass die Sumerologie bisher vergeblich versucht hatte, den sumerischen Begriff zu erfassen. Hätten die Herren die Wörterliste in unserer Quelle [7] befragt, wären sie zu unserer Fassung des Begriffs gekommen.

Die gefundene Transkription der Zeile 712 lautet unter Beachtung der von den Vorbearbeitern gelieferten Unterteilung:

Z 712: munus/mul-an/nun-e/abzu-ta/gal-le-esch-e/sig$_7$-ga

Gemäß den bisherigen Bearbeitern geht es um *Ninurta*´s Heldentaten. An dieser Stelle aber konkret um eine behauptete *Nisaba*, tatsächlich identisch gemäß unseren Beweisen mit *NAGA*, der *Dingir-Dame mit dem Karbid*. Unter dieser Prämisse bietet das ETCSL als Übersetzung

Z 712: To the lady, the celestial star, made magnificently beautiful by the prince in the abzu ...

Behauptete Übersetzung demnach auf Deutsch:

Z 712: Zu der Herrin, dem himmlischen Stern, großartig schön gemacht durch den Prinz im Abzu ...

Das ETCSL liefert hier ebenfalls die Zeichennamen der im Keilschriftoriginal anzutreffenden Wortzeichen. Wir bringen sie mit dem üblichen Vorbehalt:

SAL/AN/AN.AN-AN/NUN-E/ZU.AB-TA/GAL-LI-U.U.U-E/ IGIgunu-GA

Auch hier gehen wir für unsere Arbeit von den Zeichennamen aus. Wir erstellen wie üblich für jedes Wortzeichen umfangreiche Bedeutungstabellen, die wir jedoch dem Leser ersparen.

Vorweg fällt auf, dass der in der Transkription erscheinende Begriff *abzu* nicht, wie beiläufig erklärt, mit *„underground water"* = *Grundwasser* übersetzt wird. Ein *Prinz im Grundwasser*, der eine Dame schön macht, schien selbst den bisherigen Bearbeitern anscheinend doch zu abwegig.

Weil man mit (richtig geschrieben) *ZU.AB/AB.ZU* nicht zurecht kommt, bleibt der Begriff in Übersetzungen meist als Eigenname bestehen. Wie wir schon bei Zeile 3 der „Tempelhymnen" [6] analysiert haben, darf von den Wortwurzeln her auf ein Gerät abgestellt werden, das von den Sumerern *Quelle des Wissens/Fenster zum Wissen/Vater des Wissens* genannt worden ist. Es handelte sich um ein Gegensprech- und Übermittlungsgerät im *En.ki*-Tempel zu Eridu, das den Wissens- und Meinungsaustausch mit dem *„Himmel"* sicherte.

Das *„feine Öl" LI*, das uns gerade oben begegnet ist, taucht hier wieder als *GAL.LI* auf, als *„berühmtes feines Öl"*. Wir erinnern an die „Tempelhymnen" der Encheduanna, wo in Zeile 266 die Rede ist von einem *„Gebäude zum Kräcken von Erölsubstanzen"*, von dem *„raffiniertes Öl"* weggebracht wird, [7] Seite 47. Um dieses *„raffinierte Öl"* dürfte es sich hier handeln.

Dieses Erdölderivat wird - semantisch tatsächlich schwer zu knacken – als *U = Aufsteiger*-Öl der *U = Erd- U = Basis* beschrieben. Das ist ein *U.U.U*, bei dem es uns nicht wundert, dass es den bisherigen Bearbeitern quer im Magen liegt. Es passt schließlich ganz bestimmt nicht in ihre Vorstellung vom frühen Sumer …

Auch die seltsame Schreibung *IGIgunu* zeigt die Hilflosigkeit der bisherigen Bearbeiter. Sie hätten *IGI GUNU* schreiben müssen, um zu begreifen, dass etwas *„vor einem Wohnsitz"* stattfindet.

Unsere Übersetzung:

> **Z 712: Für die Frau, die zum *Himmelskörper des An* (= „Himmel") vom *AB.ZU* weg die Hinfahrstruktur (= Eridu) verlassen will, steht das berühmte feine Hochsteiger-Öl der Erdbasis vor dem Wohnsitz zum Start bereit.**

Ergebnis: Auch an dieser Beweisstelle entspricht *mul-an* nicht, wie im ETCSL behauptet, einem *„himmlischen Stern"* sondern dem bekannten *„Himmelskörper des An"*, der Raumstation der *Dingir*.

2.1.7: Der Bau des Tempels des *Dingir´s Ningirsu* (Gudea-Zylinder A und B)

a) Zeile 113

Die gefundene Transkription der Zeile 113 lautet unter Beachtung der von den Vorbearbeitern gelieferten Unterteilung, auch hier kritisch von uns gesehen:

Z 113: dub/mul-an/dug$_3$*-ga/im-mi-gal*$_2$

Gemäß den bisherigen Bearbeitern geht es um das Traumgesicht einer Frau, die einen Schreibstift aus Silber in der Hand hält. Unter dieser Prämisse bringt das ETCSL folgende recht kurze Übersetzung:

Z 113: … placed it on a tablet with propitious stars …

Im ETCSL behauptete Übersetzung demnach

Z 113: … berührte damit eine Tafel mit glückbringenden Sternen …

Das ETCSL liefert hier ebenfalls die Zeichennamen der im Keilschriftoriginal anzutreffenden Wortzeichen. Wir bringen sie mit dem üblichen Vorbehalt wie am Ort geschrieben:

DUB/AN/AN.AN-AN/HI-GA/IM-MI-IG

Die Erfahrungen mit fremden Transkriptionen veranlassen uns auch hier, nicht von der gelieferten Transkription, sondern von den glücklicherweise vorhandenen Zeichennamen auszugehen.

Wir erinnern uns, dass *DUB* schon einmal in den „Tempelhymnen" der Encheduanna eine Rolle gespielt hat. In der Hymne Nr. 22 war es bei Zeile 272 aufgetaucht. Wie so oft kam uns damals, wie schon erwähnt, das „Sumerische Lexikon" von Deimel [5] zu Hilfe. Bei dessen Zeichen 396 wurden neben *DUB* noch 18 andere Bedeutungen des Wortzeichens aufgezeigt. Nr. 1 war *DU-GU = Brennen von Kraftstoff* und Nr. 19 brachte *KI-SI-IM = Stelle für Hochtreib-Gas.*

Da für Nr. 1 eine Nebenform *DU-U-GU* = *Brennen von Aufsteiger-Kraftstoff* verzeichnet wird, liefen beide Aussagen auf das Gleiche hinaus. Siehe unsere Quelle [7].

CHI erkennen wir hier als *herstellen/produzieren* und *GA* als *bereitstellen.* Kopfzerbrechen bereitete *IG,* bis wir fanden, dass es *gal*$_2$ bringen kann = *bewachen/überwachen.*

Unsere Übersetzung daher:

> **Z 113: ... durch Brennen von Kraftstoff (=Karbid) für den Aufstieg zum *Himmelsobjekt des An* produziert sie Gas (= Azetylen) und stellt es bereit als Frau die überwacht.**

Ergebnis: Auch an dieser Beweisstelle entspricht *mul-an* nicht, wie im ETCSL behauptet, *„glückbringenden Sternen“* sondern dem bekannten *„Himmelsobjekt des An“*, der Raumstation der *Dingir.*

b) Zeile 231

Die gefundene Transkription der Zeile 231 lautet unter Beachtung der von den Vorbearbeitern gelieferten Unterteilung:

Z 231: ... garza/mul-an/kug/gu$_3$*/de*$_2$

Gemäß den bisherigen Bearbeitern handelt es sich darum, dass *Nin.gir.su* dem Gudea im Schlaf ein Zeichen geben will. Unter dieser Voraussetzung bringt das ETCSL folgende Übersetzung, die es allerdings am Ende selbst mit einem Fragezeichen abschließt:

Z 231: ... let me tell you the pure stars of heaven indicating my regulations.

Im ETCSL behauptete Übersetzung demnach auf Deutsch

Z 231: ... lass mich dir die reinen Sterne des Himmels deuten, die meine Vorschriften angeben.

Das ETCSL liefert hier ebenfalls die Zeichennamen der im Keilschriftoriginal anzutreffenden Wortzeichen:

PA.AN-GA$_2$/AN/AN.AN-AN/KU$_3$-BA/KA/GA-MU-RA-A-UMUMxKASKAL

Die Erfahrungen mit fremden Transkriptionen veranlassen uns auch hier nicht von der gelieferten Transkription, sondern von den glücklicherweise vorhandenen Zeichennamen auszugehen.

Große Zweifel stiegen sofort im Hinblick auf den ersten Block von drei Zeichen auf. Er soll angeblich *garza* oder *Ritus* ansagen. Das gab keine unserer umfangreichen Übersetzungshilfen her. Daher Einzelbetrachtung. Wir wiederholen:

PA: Flügel, Zweig, Wedel (frond) // Überwacher, Vormann, Anleiter // Szepter // hell scheinen, explodieren // Schaden, Sünde, Schamlosigkeit // sich ertränken, Jungmann, schlagen, niederwerfen, zerstreuen, töten // Beutel (pouch)

Die Wahl war schwer. Wir entschieden uns schließlich auch hier für *hell scheinen*, weil es zu den nachfolgenden *AN-GA$_2$* und dem *„Himmelsobjekt des An"* passt.

Völlig unverständlich war zunächst auch das Ende der Wortzeichenreihe. Was wollte das Wortzeichen *KASKAL*, eingeschrieben in das Wortzeichen *UMUM*, uns erzählen? Wir erinnerten uns dann daran, dass derartige „Gunifizierungen" normalerweise dazu benutzt werden, abstrakte Begriffe zu umschreiben. *UMUM* war nicht nur, wie oben verwendet, *Rohstoff* sondern auch *ungefähre Form/Idee/Vorstellung*. KASKAL fanden wir als *Expedition/Reise/Weg*. Das konnte so etwas ergeben wie die *Vorstellung von einem Reiseweg*.

Daher lautet unsere Übersetzung:

Z 231: Hell erscheint, oben platziert, das glanzmetallene *Himmelsobjekt des An*, weit weg seiend produziert es Lärm, wächst, breitet sich aus und schafft eine

Vorstellung des Reiseweges (= eine Idee betreffend seine Umlaufbahn).

Nix Ritus, nix Sterndeutung, nix Himmelssterne!!! Vielmehr ist *mul-an* auch hier gleich dem *Himmelsobjekt des An*, das seinen *Weg* geht. Das ist die Umlaufbahn!!!

2.5.1.3 Ein Lied zu *Dinigir-Lady Nanaya* für König Ishbi-Erra (Ishbi-Erra C)

Die gefundene Transkription der Zeile 8 lautet unter Beachtung der von den Vorbearbeitern gelieferten Unterteilung:

Z 8: munus/mul-an/h$_2$-me-a/nin/kug-zu/nig$_2$-nam-sche$_3$/gal$_2$-la

Gemäß den bisherigen Bearbeitern soll in diesem Lied zu *Nanaya* die fragliche Zeile wie folgt übersetzt werden:

Z 8: … woman who is as bright as the stars, wise lady available for everything …

Im ETCSL behauptete Übersetzung demnach auf Deutsch

Z 8: … Frau, so leuchtend wie die Sterne, weise Herrin, für alles verfügbar …

Das ETCSL liefert hier ebenfalls die Zeichennamen der im Keilschriftoriginal anzutreffenden Wortzeichen. Wir bringen sie wie am Ort geschrieben.

SAL/AN/AN.AN-AN/GAN-ME-A/SAL.TUG$_2$/KU$_3$-ZU/GAR-NAM-ESCH$_2$/IG-LA

Die Erfahrungen mit fremden Transkriptionen veranlassen uns auch hier, nicht von der gelieferten Transkription, sondern von den glücklicherweise vorhandenen Zeichennamen auszugehen.

Aus dem Zusammenhang ergibt sich, dass *GAN* hier nicht den so genannten Prekativ mit *soll/möge* ansagen soll, sondern wie schon einmal *großer Kessel.* Da *ME/me = Stimme/sprechen* nachfolgt, erkennen wir in Erinnerung an die Z 7 und 107 der „Tempelhymnen" der Encheduanna ein *Stimm-Wiedergabegerät/einen Sprech-Kessel.* Bei Z 7 hatten wir für *tigi* den Wert *Trommel* zur Übermittlung von Nachrichten gefunden, bei Z 107 für - wegen eines Hörfehlers berichtigt - *kusch ala* den Wert *lederbespannter metallener Gegenstand.* Letzterer wurde bei uns in der Zeilen-Übersetzung dann zu einem *Anweisungen erteilenden metallenen Bassin/Becken.* Der Leser stelle sich bitte einen Kessel, eine Trommel, jedenfalls einen Apparat mit Resonanzbespannung, zur Tonwidergabe vor. Kein Wunder, dass den Verfassern in der Frühzeit die Beschreibung Schwierigkeiten bereitet hat.

KU_3.ZU wird immer wieder kurz als *weise* vermittelt, doch möchten wir näher am Wortsinn bleiben und *ZU* als *Weisungen* werten, die *von etwas Glanzmetallenem* (*KU_3*) kommen.

Wovon diese *Weisungen* handeln, bleibt doppeldeutig, da *GAR* hier zwei grundverschiedene Hinweise geben kann. Sowohl *Gefährt* kann zutreffen als auch *Elektrizität/Elektronik. NAM.$ESCH_2$* können wir, wenn wir uns an Tempelhymne Nr. 15 der Encheduanna erinnern, als *Kunst/Technik des Andockens/des in die Landebucht Fahrens* begreifen. Auf Grund der Wortreihenfolge im Sumerischen geben wir der Bedeutung *Elektrizität/Elektronik* für *GAR* hier den Vorzug.

Daher lautet unsere Übersetzung:

> **Z 8: Das *Himmelsobjekt des An* richtet der Frau einen Sprechkessel (= Nachrichtenübermittler) ein. Sie erhält glanzmetallene Weisungen betreffend die Elektronik für die Technik des Andockens und betreffend das am Tor (des *„Himmels"*) Befestigtsein.**

Ergebnis: Es *„leuchten keine Sterne"* sondern vom *„Himmelsobjekt des An"* aus wird gehandelt.

4.16.1 Eine Hymne für *Dingir-Lady Nisaba* = *NAGA* (*Nisaba* A)

a) Babylonische Fassung

Die gefundene Transkription der Zeile 31 lautet unter Beachtung der von den Vorbearbeitern gelieferten und von uns kritisch gesehenen Unterteilung:

Z 31: dub/mul-an/kug-ta/schag$_4$/im-ma-da-kusch$_2$ –u$_3$

Gemäß den bisherigen Bearbeitern soll die angesprochene *Dingir-*Dame *Nisaba* heißen. Wie wir oben schon unter 2.4.2.05 bei einem Loblied auf König Schulgi bewiesen haben, ist dies eine **unsinnige Konvention** von beamteten Sumerologen. Es handelt sich um ^{d} *NAGA,* wörtlich *Die mit dem Karbid,* zeitweilig Tempelherrin von *Eresch,* wörtlich *der Karbidstadt*. Gemäß diesen Bearbeitern soll in dieser Hymne die fragliche Zeile wie folgt übersetzt werden:

Z 31: … for her to consult the holy tablet of the heavenly stars.

Diese im ETCSL behauptete Übersetzung demnach auf Deutsch:

Z 31: … damit sie die heilige Tafel der himmlischen Sterne befrage.

Das ETCSL liefert hier ebenfalls die Zeichennamen der im Keilschriftoriginal anzutreffenden Wortzeichen. Wir bringen sie wie am Ort geschrieben, obwohl wir mit der Gliederung nicht ganz einverstanden sind.

DUB/AN/AN.AN-AN/KU$_3$-TA/SCHA$_3$/IM-MA-DA-SAG gunu-IGI.DIB

Wir erstellen wie immer für jedes Wortzeichen umfangreiche Bedeutungstabellen.

Für *DUB* fallen wir nicht auf die oberflächlich behauptete Aussage *Tafel* herein, sondern erinnern uns an das oben unter 2.1.7,

Gudea Zylinder A, zu Zeile 113 Gesagte. Es geht wie dort um das *Brennen von Treibstoff zum Aufsteigen.*

Schwierigkeiten macht das lange Zeichenmonster am Ende, doch erkennt man sofort, dass *SAGgunu* richtig *SAG-GUNU* zu lesen ist und *Hauptwohnsitz* meint, eine andere Bezeichnung für den *„Himmel = mul-an"*. Demnach kommt dieses *„Oben-Gefährt"* in dieser Zeile zwei Mal vor.

SCHA$_3$ kann Vieles heißen und bringt hier *dienen als/um zu*. In den Gesamtzusammenhang passt es, wenn wir *TA* als *tak*$_4$ begreifen, d.h. als *aufgeben/zurücklassen*. Für das *IM* nehmen wir von den angebotenen Bedeutungen nicht *Gas* sondern *in Richtung auf.*

Auf Deutsch trennen wir *DUB* in die einzelnen Teile auf, um einen vernünftigen Satzbau zu erhalten.

> **Z 31: Sie gibt das Brennen von Treibstoff auf, der für den Aufstieg zum glanzmetallenen *Himmelskörper des An* dienen soll, um in Richtung eines *„Brenners"* zu laufen und zur Front/zum Rand des Hauptwohnsitzes überzuwechseln.**

Mit *Hauptwohnsitz* ist der in der gleichen Zeile angesprochene *glanzmetallene Himmelskörper des An = „Himmel"* gemeint.

Was diese Aussage genau bedeutet, muss offen bleiben. Der Herkunftsort der Raumstation aber war demnach sicher ab einer bestimmten Zeit nicht mehr als Hauptwohnsitz verfügbar, ob er nun vorher auf der Erde lag oder irgendwo weiter weg im All.

Als wir Z 31 erfasst hatten, ertönte in unserem Gedächtnis eine Klingel. Lautete das ähnlich wie Formulierungen der ältesten Sintflut-Erzählung, die wir in [7] erarbeitet hatten? Und in der Tat: die dortigen Zeilen 340 – 342 klingen recht ähnlich, wenn man sie zusammen sieht mit der von uns ebenfalls erwähnten Zeile 115 der assyrischen Fassung des Gilgamesch-Epos. Wir ahnten eine Sensation und wollten Z 31 mit den umgebenden Zeilen übersetzen.

Vergebliche Liebesmühe!

Die anderen abc-Transkriptionen der dortigen Z 27 - 35 waren genau so unverdaulich wie die von Z 31, wo wir vorstehend die gleichzeitig gelieferten Wortzeichen benutzt haben. Und Wortzeichen für diese anderen Zeilen waren nicht zu finden und auch keine Original-Tontafeln ...

Auch hier meint *mul-an „Himmelsobjekt des An“* und nicht wie behauptet *„himmlische Sterne“*.

Genau genommen handelt es sich vorstehend um einen Auszug aus einer zwar auf Sumerisch verfassten Hymne, die aber aus dem späteren Babylonien stammt. Es existiert auch ein Anfang dieses Textes, der in Sumer in der UR III-Zeit geschrieben worden sein könnte.

b) Ur III-Fassung

Das ETCSL bringt für Zeile 1 an der üblichen Stelle sowohl eine behauptete kurze Wortzeichenfolge als auch eine kurze behauptete Transkription. Sie stimmen unter sich nicht überein und auch nicht mit der auf Englisch behaupteten Übersetzung. Diese soll angeblich lauten: *„Lady coloured as the stars ...“*, auf Deutsch *„Herrin, farbig wie die Sterne, ...“*

Diese gehäufte Zumutung unwissenschaftlicher Behauptungen ließ uns nicht ruhen. Wir fanden zwar keine andere Wortzeichenfolge für diese Zeile, aber im ETCSL selbst an anderer Stelle eine abc-Transkription, die erstens vollständig und zweitens, zusammen mit einer Variante von Zeile 2, wegen ihres Inhaltes vertrauenswürdig aussah:

Z 1: nin mul-an gin$_7$ *gun*$_3$*-a*

Z 2: DUB za-gin$_3$ *schu du*$_8$

Sofort fällt auf, dass in Zeile 1 *gin₇* hinzu gekommen ist, ein fast unbekanntes sumerisches Wort. Wir finden auf Deutsch *Stößel/Zerstampfer*. Andererseits wird für *gun₃* in der erwähnten unvollständigen kurzen Wortzeichenfolge *DAR* geliefert. Da können wir uns bedienen! Dann trifft *coloured/farbig* nämlich nicht zu, sondern *to split/to shatter = spalten/zertrümmern/zerkleinern*. Dann macht Zeile 1 in sich einen Sinn, vorausgesetzt Zeile 2 fügt sich gedanklich an.

Z 1: Die Herrin erhält vom *Himmelsobjekt des An* einen Stößel/Zerstampfer zum Zerkleinern.

Was *zerkleinert/zerstampft* wird, müsste in Zeile 2 auftauchen. *DUB* nährt wie oben die Vermutung, es gehe um das *Brennen von Auftriebskraftstoff*. *schu* war in unseren Untersuchungen [6] und [7] in den Zeilen 40, 308 und 512 als *Karbid* erkannt worden. Dazu fügt sich *du₈* als *brennen* nahtlos an. Aber was soll das *za-gin₃*, das normalerweise **per Konvention** mit *Blaustein* übertragen wird? Des Rätsels Lösung: *gin₃* kommt **konventionell** vordergründig auch als *Berg* vor. Doch dahinter steckt, dass *Berg = kur* auch als *kur = rösten/brennen* verstanden werden kann. Dann hätten wir keinen *Blaustein*, sondern *Stein zum Brennen*!

Hoppla, wir haben es geschafft:

Z 2: Zum Brennen von Auftriebskraftstoff brennt sie Karbid aus Röst-Stein/Brenn-Stein.

Wir wissen nun aber von Encheduanna: Zerkleinert wird **Kalkstein** und dann doppelt gebrannt zu Karbid, aus dem durch Zufügen von Wasser Azetylen entsteht. Der Gesamtprozess wird, wie weiter vorne bereits berichtet, mit vielen Einzelheiten physikalisch und chemisch nachvollziehbar von Encheduanna lange vor König Schulgi in unseren gerade eben zitierten beiden Übersetzungsbänden beschrieben.

Grundsatzfrage: Wären nicht alle Übersetzungen aus dem Sumerischen, bei denen *Blaustein* auftaucht, zu

überprüfen, ob nicht zumindest manchmal *Kalkstein* gemeint ist? Eine schöne und lohnende Arbeit für einen jungen Sumerologen !!!

Auch an dieser Stelle treffen wir für *mul-an* keineswegs, wie behauptet, auf *„farbige Sterne"*, sondern wie für alle anderen hier untersuchten Zeilen auf das *„Himmelsobjekt des An"*, den *„Himmel"* der Encheduanna, identisch, wie man sehen wird, mit dem Himmel Abrahams und Jacobs …

6.1.19 Sprichwörter, Sammlung 19, Abteilung D, Sprichwort 11

Das betreffende Sprichwort ist als Original nur in einer fehlerhaften Keilschriftstelle erhalten. Es gilt deshalb als unübersetzbar. Das ETCSL liefert als Transkription

CHAR-da/mul-an/…/ ku_6-da/engur-ra/….

Als Wortbedeutungen werden dafür dort angesagt

??????/heavenly star/…/ fish/subterranean water /….

Auf Deutsch:

??????/himmlischer Stern /…./ Fisch/Grundwasser/…

Das alles ist, wenn man die vom ETCSL gelieferten Wortzeichen analysiert, **grober wissenschaftlicher Unsinn**. Diese lauten

CHAR-DA/AN/AN.AN-AN/…/CHA-DA/LAGABxCHAL-RA/…

Das heißt auf Deutsch tatsächlich

Die Verbindung mit dem *Himmelsobjekt des An* //…// Der Reichtum an Bitumen/Pech wird aufgespaltet/gekräckt/…

Ergebnis: kein *„himmlischer Stern"* zu finden, sondern, wie immer für *mul-an,* das *„Himmelsobjekt des An"*.

2.6.9.5 Ein Gebet zu *Dingir Nanna* für König Rîm-Sîn (Rîm-Sîn E)

Die gefundene Transkription der Zeile 68 lautet unter Beachtung der von den Vorbearbeitern gelieferten und von uns wie immer kritisch gesehenen Unterteilung:

Z 68: mu/shar$_2$-a/mul-an/za-gin$_3$-gin$_7$/shid-bi/nu-til-le/sâg-e-esh/rig$_7$-mu-na-ab

Gemäß diesen Bearbeitern soll in diesem Lobgebet die fragliche Zeile wie folgt auf Englisch übersetzt werden:

Z 68: … bestow to him numerous years as infinite in number as the stars in the lapis-lazuli coloured heavens.

Diese im ETCSL behauptete Übersetzung demnach auf Deutsch:

Z 68: … gewähre ihm viele Jahre, so unzählbar wie die Sterne an den blausteinfarbenen Himmeln.

Das ETCSL liefert hier ebenfalls die Zeichennamen der im Keilschriftoriginal anzutreffenden Wortzeichen. Wir bringen sie wie am Ort geschrieben, obwohl wir auch hier mit der Gliederung nicht ganz einverstanden sind.

MU/CHI-A/AN/AN.AN-AN/ZA-KUR-DIM$_2$/SCHID-BI/NU-TIL-LI/SAG-E-U.U.U./PA.CHUB$_2$.DU-MU-NA-AB

Die Erfahrungen mit fremden Transkriptionen veranlassen uns auch hier, nicht von der gelieferten abc-Transkription, sondern von den glücklicherweise vorhandenen Zeichennamen auszugehen. Wir erstellen wie immer für jedes Wortzeichen umfangreiche Bedeutungstabellen.

Im Anschluss an oben gefundene Bedeutungen erkennen wir sofort unter Rückgriff auf unsere Wörterliste in [7], dass mit *NU-TIL-LI feines Öl für den sich schnell drehenden Pfeil* gemeint sein könnte. Dann dürften die beiden *MU* zu verstehen sein als *mu$_2$ = Brennstoff.*

Und *DU.MU* gegen Ende der Passage wäre wie bei Zeile 299 in den „Tempelhymnen" [7] gleich *du*$_8$*-mu*$_2$ und damit gleich *Brennstoff bereitstellen*.

CHI wäre dann nicht als *Blitz, blitzen, Elektrizität usw*. zu nehmen, sondern wie bei Zeile 495 der „Tempelhymnen" als *verarbeiten, bearbeiten, mixen, legieren*.

Auch mit *SCHID* hatten wir uns in den Tempelberichten auseinander gesetzt. Hymne Nr. 31 behandelt den Tempel von Kazallu und die dortige vorzeitliche Erdölproduktion. In der Nähe von Kazallu wird ein Ort *SCHID-tab ki* erwähnt. Wir waren zu dem Ergebnis gekommen, das heiße *Zwillingsstelle zum Kneten, Auflecken mit Tonrohren von Oberflächen-Erdöl*. Das *feine Öl* für den gefundenen *Pfeil* wird demnach durch *Aufsammeln mit Tonrohren* gewonnen.

Logisch fügt sich dann *KUR* ein, wenn man daran denkt, dass es gemäß Zeile 92 der „Tempelhymnen" um *brennen, rösten* geht. Deshalb ist *ZA.KUR* weder Blaustein, noch Bergstein, sondern *Stein zum Rösten/Brennen* – im Klartext: der zur Karbiderzeugung benötigte *Kalkstein*.

Unsere Übersetzung daher:

> ***Z 8:* Brennstoff wird gemischt für das *Himmelsobjekt des An*. Kalkstein wird beschafft. Feines Öl für den „*Pfeil*" wird aufgesammelt. Der Haupttempel der Erd-Aufstiegs-Basis leuchtet hell auf zum Pflegen. Brennstoff wird hergestellt. Er (= der „*Pfeil*") rastet im Schrein.**

Da ist keine Rede von „*unzählbaren Sternen an Blausteinfarbenen Himmeln*" sondern vom „*Himmelsobjekt des An*", gleich dem „*Himmel*" der Encheduanna, gleich – wie wir sehen werden – dem biblischen Himmel Abrahams und Jacobs.

Wir haben oben nicht erläutert, was mit „*Pfeil*" gemeint ist. Auch in den „Tempelhymnen" taucht er wörtlich schon im ersten Bericht in Zeile 9 als „*Dingir-Pfeil*“ auf, nachdem er schon in Zeile 8 wörtlich als *sich in die Nacht entfernender künstlicher Wegschwebender* gekennzeichnet worden ist. Es handelt sich um das „*Licht*“, die „*Fähre*“, den *né-bé-ru*!!!

4.80.1 *mul-(e)-an* ... in den „Tempelhymnen“

Die vom ETCSL zitierte Stelle ist die Zeile 480 der Tempelhymne Nr. 38 der Encheduanna. Diese Zeile wurde bereits weiter vorne im Kapitel „Encheduanna´s Raumstation *Himmel* und die zugehörige Raumfähre *Licht*“ eingehend behandelt. Wir könnten uns hier nur einfach auf diese Untersuchung beziehen, aber das ETCSL gibt Hinweise, die verwirren.

Uns hatte intern die in [2] für Z 480 in einer Fußnote für Tafel R erwähnte Variante, dass auf *mul* ein sonstwo nicht erwähntes *e* folgt, zu folgender abc-Transkription des Anfangs der Zeile geführt:

E_2-NUN-an-na mul e an MEN …

Das ETCSL lässt, offensichtlich in Unkenntnis der Variante der Tafel R, das *e* zwischen *mul* und *an* weg und findet daher *mul-an*, weshalb die Zeile unter den vielen *mul-an*-Stellen behandelt wird. Das würde uns nicht stören. Das ETCSL liefert aber auch Wortzeichen und die lassen uns wegen den Zeichen perplex, die dort *MEN* ergeben sollen:

GA_2xME+EN

Für den Laien in moderner Sprache: angeblich findet man ein vergrößertes Zeichen *GA_2*, in das die Zeichen *ME* und *EN* hineingeschrieben sind (Fachausdruck *Gunifizierung*). Das verwirrt, denn uns ist nichts Ähnliches bekannt! Vielleicht aber könnte man das *ME+EN* für eine späte Art von Lautmalerei halten und *MEN* **hören** wollen. Und *GA_2* wäre einfach als 3. Person Singular von *sein* zu begreifen.

Damit hätten wir: *e* = *geht hinaus, an* = *das Firmament,* GA_2 = *ist, MEN* = *aufleuchtend*. Das wäre vielleicht eine Erklärung …

Wir nehmen zur Kenntnis, dass nach Ansicht anderer Wissenschaftler die seltsame Wortzeichenkombination *MEN* zu lesen sein soll, und bleiben wegen der Variante der Tafel R bei unserer Übersetzung:

> **Z 480: Aus der dazu bestimmten Baustruktur/zweckgerechten Baustruktur** (= Aus dem Liege- und Wartungsteil) **des *„Himmels"* geht das *Sprinkelnde* (= *„Licht"*) hinaus, das Firmament leuchtet auf.**

Da das *„Oben-Gerät"* der *Dingir* = *„Himmel"* identisch ist mit dem *„Himmelskörper des An"* = *mul-an,* passt sich diese Übersetzung letztlich doch bestens in dieses Kapitel ein.

Einweihungswissen mit neuer Methode der Sumerologie bestätigt

Wir haben in diesem Kapitel **alle** in Tafel 12 vom ETCSL aufgeführten Zitate überprüft, in denen *mul-an* in sumerisch geschriebenen Texten nach dessen Aussage vorkommt.

Unsere Vermutung, dass Leute, die sich Sumerologe nennen aber nicht über das nötige Wissen verfügen, Widersinniges in die Welt gesetzt haben, hat sich dabei hundertprozentig bestätigt. *mul-an,* das *Himmelsobjek des An*, wird bei diesen „Wissenschaftlern" zu „heiligen Texten", „himmlischen Sternen", „leuchtenden" oder „farbigen Sternen". **Nur so können Sie ihre Deutung von *mul-an* in den sachlich falschen Rest ihrer behaupteten Übersetzungen hineinpressen.**

Wichtiger aber war uns eine andere Erkenntnis.

Unsere Fassungen all dieser Textstellen aus den verschiedensten Gegenden und Zeiten Sumers klinken sich nahtlos in die Texte ein, die wir in den „Tempelhymnen" der Encheduanna gefunden haben. Wir nehmen dies als eine unerwartete und nicht gesuchte Bestätigung für zwei Fakten. Von inzwischen erkannten kleinen Irrtümern abgesehen, die jedem passieren können, heißt dies erstens, dass unsere neue und doch uralte Methode (vgl. Prof. Deimel), Sumerisch anzugehen, ihre große Feuerprobe bestanden hat. Zweitens kann jetzt niemand mehr behaupten, eine Encheduanna stehe allein und habe sich ihre wirren Tempelweisheiten fantasierend aus den eigenen Gehirnwindungen gesogen!!!

Es war Einweihungswissen, das auch an vielen anderen Stellen auf Keilschrift-Tontafeln durchscheint, wenn man diese richtig übersetzt und in einem größeren Zusammenhang sieht!!!

Die NIBIRU-Erzählungen basieren auf falschen Übersetzungen, *né-bé-ru* war die zur Raumstation *„Himmel"* gehörige Raumfähre und ^{d} *NI.BI.RU* der *Dingir ASAR.LU$_2$.CHI*

^{d} *NI.BI.RU* ist eine sumerische Benennung und wurde als identisch mit dem *Dingir ASAR.LU$_2$.CHI* erkannt. Das Erste heißt wörtlich *„Der Dingir der die Glut/den Feuerschein dämpfen kann"*. Er ist nach der zweiten Bezeichnung *„Der Verantwortliche für die Elektronik der Weisungsstruktur"* (in Eridu). Dieser *Dingir*, ein Wesen aus Fleisch und Blut, wird in den Originalen aller bekannten und geprüften alten Texte nirgendwo als Stern oder Planet bezeichnet. Das als babylonische/assyrische Bezeichnung gefundene *né-bé-ru* (oder so ähnlich), in irrigen Übersetzungen auch als Nibiru/NI.BI.RU oder so ähnlich zu finden, war wörtlich ein *„Durchkreuzer"* oder eine *„Fähre"*, ein irdischer Name für das Verbindungsschiff zum *„Himmel"*, das von Encheduanna her als *„Licht"* bekannt ist. Der mit ^{d} *NI.BI.RU* identische ^{d} *Né-bé-ru* war wörtlich der *„Dingir mit der Fähre"*.

Ein aus dem „Aussenraum" gekommener „Planet Marduk", wie von Sitchin postuliert, ist in keiner abc-Umschrift eines Keilschriftoriginals zu finden. Im *enuma elisch*, als Hauptbeweis von ihm und seinen Nachfolgern angeführt, steht zwar manchmal in oberflächlichen Übersetzungen vor *Marduk* kein *Dingir*-Dertminativ, doch entspricht dies nicht der wissenschaftlichen Umschrift. Dort ist immer, hält [11] fest, ^{d} *AMAR.UTU* oder so ähnlich anzutreffen. Dieser *Dingir* wird ausdrücklich als **leiblicher** Sohn von *Dingir EN.KI/E.a* bezeichnet.

Wie aus unseren gezielten und – gemäß der allgemeinen Kenntnis der möglichen Fundstellen – kompletten Untersuchungen von *„enuma elisch"*, *MUL.APIN* und anderen alten Texten ferner hervorgeht, steht dort nirgendwo etwas von einem aus dem „Aussenraum" kommenden Planeten NIBIRU. Zu finden waren stattdessen irrige moderne Übersetzungen und sich vermischende Behauptungen moderner Forscher (die Lehre von „Göttern" als Sterne), die für die so genannte Hochzeit von Sumer nicht bestätigt werden.

Wenn an einigen Stellen in den abc-Umschriften aller bekannten alten Texte ein Planet Nibrium oder so ähnlich auftaucht, dann hat bereits die konventionelle Forschung durch Schott 1936 in [18] festgehalten, dass es sich wegen des Kontextes um Jupiter oder Merkur gehandelt hat.

In unserer Zusammenschau hat sich unter Einbeziehung der Tempelhymnen der Encheduanna an zahlreichen Stellen jedoch ein **Himmelsobjekt** geoffenbart, das als Raumstation *„Himmel"* zwischen 16.69° Nord und 16.69° Süd auf- und abschwingend eine regelmäßige Bahn um den Erdäquator zurücklegte. In mehr als einem Dutzend zusätzlich untersuchten, auf Sumerisch verfassten Texten verschiedenster Zeit und geografischer Herkunft erscheint dieses *„Oben-Gerät"* ausdrücklich als *mul-an*, als *„Himmelsobjekt/Himmelskörper des An"*. Die Identität wird durch den jeweiligen Kontext eindeutig bestätigt.

Wenn man in der Moderne wie Sitchin aus einigen alten Texten, die indessen **zeitlich später** Babylon oder Assyrien zuzuordnen sind, einen „Zwölften Planeten" herauszudestillieren versucht hat, dann waren von ihm unerkannte falsche moderne Übersetzungen die Ursache oder schon von den Babyloniern/ Assyrern teilweise unverstandene Hinweise in früheren sumerischen Texten auf diese Raumstation, die – wesentlich näher als der echte Mond – die Erde in einer regelmäßigen Bahn um den Äquator schwingend umkreiste.

In der Moderne wurden dann auch, mit falschen Übersetzungen im Kopf, babylonische und assyrische Tonsiegelabdrücke und andere Bilddarstellungen auf Ton teilweise so interpretiert, dass die abgebildeten Himmelskörper zu den irrigen Übersetzungen passten.

Die „Tempelhymnen“ der Encheduanna als Bibelvorläufer

Was sich als geheime Offenbarungen der Encheduanna aus den „Tempelhymnen“ herauskristallisiert hat und in den Quellen [6] und [7] berichtet wird, gehört zum wichtigsten Kulturgut der Menschheit. Wir haben damit die Hintergründe und den Kern des Glaubensbekenntnisses des sumerisch-akkadischen Staatskultes von vor 4.300 Jahren gefunden und hier einleitend auch kurz zusammengefasst. Darin spiegeln sich, wie schon angedeutet, Vorstellungen von einem *„Himmel“* und einer *„Hölle“* wider. Von einer zürnenden und strafenden Obrigkeit ist die Rede und einer *„zerstörerischen Flut“*. Selbst einen *„Herrn im Himmel“* findet man, der *„Gaben des Himmels“* auf die Erde bringen lässt. *„Ergeben dienende Priester“* fehlen auch nicht. All das wird später in jüdischer Bibel, christlichem Glauben und dem Koran des Islam zu finden sein.

Wer nach einer Verbindung sucht, der sei darauf verwiesen, dass sich diese drei Religionen alle auf einen Erzvater beziehen, der als Abraham oder so ähnlich bezeichnet wird.

Dieser Abraham war nach den Angaben der jüdischen Bibel der Sohn eines Terach. Dieser selbst stand gemäß älteren Keilschriftunterlagen als Priester etwas mehr als zweihundert Jahre nach Encheduanna in deren Tempel in der Stadt Ur in deren religiöser Nachfolge und diente somit dem sumerisch-akkadischen Staatskult, der selbst nicht aus dem Nichts entstanden sein kann. Er unterrichtete seinen Sohn Abraham über die *Dingir*, modern sagt man „Götter“, die er selbst anbetete. Und dieser Abraham, der Erzvater der großen westlichen Religionen, verehrte daher anfangs selbst eine Vielzahl von „Göttern“.

Das aber waren genau die von Encheduanna in ihren Tempelberichten beschriebenen *Dingir/DI.IN.GIR*, die *„Entscheider, die sich mit*

Fluggeräten bewegen" und die von ihrem *„Oben-Gerät"*, dem *„Himmel"*, kamen.

Auch die Bibel berichtet anfangs, wenn es um das Gottestum geht, von einem *El* gleich *Herrn,* hinter dem sich niemand anderes als der Chef einer ugaritischen Göttervielfalt verbirgt, und anschließend von den *Elohim,* einer Mehrzahl von Göttern.

Wenn später Gott *JHVE/Jahwe* auf dem Sinai (?) Gebote verkündet, tut er es gemäß der Bibel mit den Worten

„Du sollst keine anderen Götter neben mir haben".

Damit erhob *JHVE* einerseits einen Alleinstellungsanspruch, gab andererseits aber gleichzeitig zu, dass er einer Gruppe von ähnlichen Wesenheiten angehört.

Auch JHVE, der Gott der „Zehn Gebote" aus dem Himmel Abrahams und Jakobs, war, gemäß den Darstellungen der Bibel zu urteilen, ein *Dingir* im echten Wortsinn, ein *„Gebieter, der sich mit einem Flugapparat bewegt"* ... Mindestens 14 Mal erscheint in der Bibel nicht umsonst das Fluggerät *„Herrlichkeit des Herrn"*!!!

Übrigens: „Bible History Daily" berichtet am 14.Februar 2014, die Stelle, an der der Alleinanbetung fordernde JHVE gemäß der Überlieferung dem Moses erschienen war, sei nach neuesten Forschungsergebnissen nicht, wie oft angenommen, der Berg Sinai gewesen, sondern ein Berggrat namens Har Karkom in der Negev-Wüste. Dort sei bereits mehr als 2.000 Jahre **vor** den biblischen Ereignissen ein Zentrum des - wie man in der Quelle berichtet - „Mondgottes Sîn" gewesen.

Passt zu unserer Analyse: Dieser so genannte „Mondgott" war gemäß der ausführlichen Tempelhymne Nr. 8 der Encheduanna niemand anderes als der *Dingir Nanna,* bei den Akkadern als *Sîn* bekannt, von der Priesterfürstin auch als *SU.EN* vorgestellt, als *„Herr im All"* ...

Offen bleibt in den Tempelberichten, woher letztlich die hochtechnisch ausgestattete Besatzungstruppe kam, die vom „*Himmel*" her von einem „auserwählten Volk" Unterwerfung forderte.

Wer fälscht die Geschichte der Menschheit?

Die Brisanz des in dieser Untersuchung an Hand uralter Dokumente neu offen gelegten Wissens sollte alle denkenden Menschen aufmerken lassen. Liebgewonnene Denkschemata lassen sich nicht mehr halten und sind abzuschreiben.

Erstens werden konkret Persönlichkeiten, Orte, Fakten und Ereignisse aus einer undatierten Vorzeit benannt, die unser Geschichtsdenken erschüttern. Zweitens werden die wahrlich brutalen und ernüchternden Hintergründe der sumerisch-akkadischen Staatsreligion aufgedeckt. Drittens wird gleichzeitig, wie angedeutet, eine Reihe von wesentlichen Bibelinhalten vorweggenommen. Viertens werden wir Technik-stolzen Heute-Menschen damit schockiert, dass vor 4.300 Jahren **für eine damals schon lange zurückliegende Zeit** Realisierungen glaubhaft mit präzisen technischen Details beschrieben werden, die in der Neuzeit in den letzten hundert Jahren wiedererfunden worden sind oder von denen wir bisher gar noch träumen. Fünftens wird klar, wo der Ursprung der drei Weltreligionen zu suchen ist, die sich auf den Erzvater Abraham beziehen.

Aber: Die breite Öffentlichkeit interessiert sich doch überhaupt nicht oder kaum für dieses „alte Zeug"?

Oder: Sind die großen Meinungsmacher durch Verschweigen und Verdrehen daran interessiert, dass die zu scherenden Schäfchen sich nicht dafür interessieren?

Jedenfalls: Juden, Christen, Muslime und andere „Gläubige" sollten sich auf den gemeinsamen Ursprung ihres Glaubens besinnen und aufhören, sich gegenseitig anzugeifern, anzugreifen, ja wie wilde Tiere zu töten ...

Quellen

[1] Zimmern, H.: Ein Zyklus altsumerischer Lider auf die Haupttempel Babyloniens, Zeitschrift für Assyriologie und verwandte Gebiete, Bd. 39 (1930)

[2] Sjöberg, A.W., und Bergmann, E.: The Collection of the Sumerian Temple Hymns, J.J.Augustin Publisher, Locust Valley, N.Y. 1969

[3] Krecher, J., und Jagersma, B.: Sumerian Temple Hymns, www.etcsl.orient.ox.ac.uk/section4/c4801.htm

[4] Meador de Shong, Betty: Princess, Priestess, Poet, The Sumerian Temple Hymns of Enheduanna, University of Texas Press, Austin 2009

[5] Deimel, Anton: Sumerisches Lexikon, Verlag des Päpstlichen Bibelinstituts, Rom 1925, Heft 1, Vollständiges Syllabar

[6] Burgard, Hermann: Encheduanna: Geheime Offenbarungen, Ancient Mail Verlag, Groß-Gerau 2012

[7] Burgard, Hermann: Encheduanna: Verschlüsselt – Verschollen – Verkannt, Tempelhymnen Nr. 20-42 mit neuen Geheimen Offenbarungen, Ancient Mail Verlag, Groß-Gerau 2014

[8] Halloran, John A.: Sumerian Lexicon, Version 3.0, unter: www.history-world.org Sumerian(1).pdf

[9] Zgoll, Annette: Der Rechtsfall der En-chedu-Ana im Lied nin-me-sara, Bd. 246 Alter Orient und Altes Testament, Ugarit-Verlag, Münster 1997

[10] Sitchin, Zecharia: Der zwölfte Planet, Knaur, München 1989

[11] Kämmerer, Thomas, und Metzler, Kai, Hrsg.: Das babylonische Weltschöpfungsepos *Enuma elish,* AOAT Bd. 375 Alter Orient und Altes Testament, Ugarit-Verlag, Münster 2012

[12] von Soden, Wolfram: Neue Bruchstücke zur sechsten und siebenten Tafel des Weltschöpfungsepos Enuma elish, Zeitschrift für Assyriologie, N.F. XIII (XLVII), Heft 1-2, 1941

[13] Papke, Werner: Die Sterne von Babylon, Gustav-Lübbe-Verlag, BergischGladbach,1989

[14] ePSD; Homepage: psd.museum.upenn.edu/epsd/nepsd-frame.html

[15] Labat, René: Un calendrier babylonien des travaux, signes et des mois, Librairie Honoré Champion, Paris 1965

[16] Langdon, Stephen, A sumerian grammar and chrestomathy with a vocubulary of the principal roots in sumerian and a list of the most important syllabic and vowel transcriptions, Librairie Paul Geuthner, Paris, 1911

[17] Jestin, Raymond-Riec: Notes de Graphie et Phonétique Sumeriennes, Librairie Honoré Champion, Paris 1965

[18] Schott, A.: Marduk und sein Stern, Zeitschrift für Assyriologie, Nr. 43, 1936, S.124 - 145

[19] Koch, Johannes: Der Mardukstern Neberu, Welt und Orient, Nr. 22, (1990), S. 48 - 72

[20] Hunger, Hermann, und Pingree, David: MUL.APIN: An Astronomical Compendium in Cuneiform, Archiv für Orientforschung, Nr. 24, Beiheft, 1989

[21] Jacobsen, Th.: The Sumerian King List, Oriental Institute oft the University of Chicago, Assyriological Studies - NO. 11, University of Chicago Press

[22] Bremer, Dieter: Atlantis und das Altersparadoxon, Edition Winterwork, 2009

[23] eTCSL, The Electronic Text Corpus of Sumerian Literature, http: / / etcsl.orienst.ox.ac.uk

[24] Sitchin, Zecharia: Als es auf der Erde Riesen gab, Kopp, Rottenburg, 2010

Literatur zu den Rätseln der Geschichte dieser Welt und weiteren faszinierenden Themen finden Sie im Verlagsprogramm des Ancient Mail Verlags:

Dr. Hermann Burgard

Encheduanna

Geheime Offenbarungen

Oberflächlich als Tempelhymnen bezeichnete 4.300 Jahre alte Berichte einer sumerischen Priesterfürstin über Personen, Bauten, Ereignisse und Errungenschaften aus einer schon für sie selbst fernen Vorzeit mit dem Originaltitel "Bewunderswert aufragend ..."

Entdeckt, entschlüsselt, übersetzt und kommentiert von Dr. Hermann Burgard

ISBN 978-3-943565-03-4, Paperback, Din A5, 292 Seiten,
€ 17,80

Verschlüsselte Keilschrifttexte einer sumerischen Priesterfürstin und Königstochter, seit Babylon verschollen und verkannt, enthalten zahlreiche durch andere Quellen unterlegte Tatsachenhinweise, die für die Zeit vor und nach einer Großen Flut unser Geschichtswissen fundamental ergänzen, die keineswegs „göttlichen", vielmehr ernüchternden Hintergründe der damaligen Staatsreligion aufzeigen und umfangreiche Eingriffe vom Firmament her belegen. Sie beschreiben außerdem für diese Vorzeit bildhaft mit genauen Einzelheiten technologische Errungenschaften, deren erneute Realisierung uns erst im letzten Jahrhundert gelang oder gar heute noch in der Zukunft liegt.

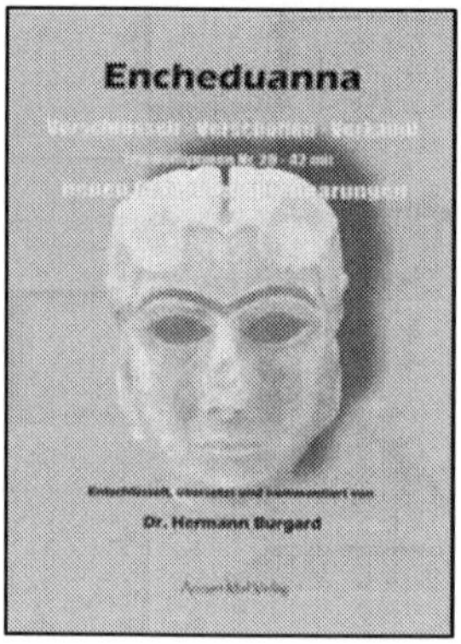

Dr. Hermann Burgard

Encheduanna

Verschlüsselt – Verschollen - Verkannt

Tempelhymnen Nr. 20 – 42 mit neuen Geheimen Offenbarungen

Entschlüsselt, übersetzt und kommentiert von Dr. Hermann Burgard

ISBN 978-3-95652-089-1, Paperback, Din A5, 326 Seiten, **€ 17,80**

Das älteste namentlich gezeichnete Dokument der Weltgeschichte berichtet in Sumerisch etwa um 2.300 vor unserer Zeitrechnung von einer Besatzungsmacht, die lange vorher aus einer „Oben-Gerät" oder „Himmel" genannten Raumstation herabgestiegen war. Encheduanna, die Autorin der modern „Tempelhymnen" genannten Texte, war eine doppelte Hohe Priesterin und sumerische Königstochter. Als oberste Repräsentantin des Staatskultes herrschte sie über Tempel und Tempeldienst. Wenn es Tempel und Tempeldienst gab, kann kein vernünftiger Mensch annehmen, erste Tempel und erster Dienst seien in einer fernen Vorzeit gewissermaßen aus sich heraus ohne Grund und Zweck entstanden. Am Anfang müssen reale Ereignisse und treibende Kräfte gestanden haben.

Encheduanna teilte der Nachwelt ihr Einweihungswissen über Persönlichkeiten, Taten und Technologien der Dinigir / DI.IN.GIR = „Entscheider die sich mit Fluggeräten bewegen" verschlüsselt mit. Beinahe 4.000 Jahre war dieses Wissen verschollen, irgendwo vergraben auf mit Keilschriftzeichen bekritzelten Tontafeln. Als man dann in der ersten Hälfte des zwanzigsten Jahrhunderts die Tafelstücke langsam zusammenklaubte, wurde ihr Inhalt zunächst verkannt. Man glaubte, Götter-Folklore entdeckt zu haben, statt den wahren Inhalt zu ahnen: Übermächtige Befehlsgeber aus einer Raumstation organisierten sich mit modernster Technologie bei einem auserwählten Volk auf der Erdoberfläche einen Freiraum. Unbotmäßigkeit wurde bestraft, Feinde wurden vernichtet oder zu todbringenden Sklavendiensten deportiert. Die Eingeweihte beschreibt dabei mit erstaunlichen Einzelheiten viele Techniken, die wir in den letzten anderthalb Jahrhunderten als bisher unerreichten Fortschritt gefeiert haben oder die heute gerade erst angedacht werden, aber noch nicht verwirklicht sind ...

Der uralte sumerische Text konnte neu und anders übersetzt werden, weil die Kunstlehre Sumerologie in den letzten fünfzig Jahren Wesentliches dazu gelernt hat. Die vorgelegte Übertragung ist von den Wortbedeutungen her erlaubt. Sie ist vollständig und ohne Wortlücken oder fehlende Satzteile. Die Zeilen wahren unter sich den Kontext. Das Gesamtergebnis ist in sich kohärent.

Robert M. Schoch, Ph. D.

Die vergessene Zivilisation

Die Bedeutung der Sonneneruption in Vergangenheit und Zukunft

ISBN 978-3-95652-078-5, Din A5, Pb.,
423 Seiten, 25 s/w-Abbildungen,
14 Farb-Abb., **€ 22,80**

Das plötzliche Erscheinen von Zivilisation im Jahre 3.000 v. Chr. stellt nicht das erste Auftauchen einer Zivilisation dar. Eher ist es das erneute in Erscheinung treten einer Zivilisation nach ungefähr 5.000 oder mehr Jahren. Natürlich gibt es erwiesenermaßen eine Kultur in der Zeit von 10.000 v. Chr. bis 9.000 v. Chr., also tausend Jahre früher als die Ägyptische Dynastie und ihre Zeitgenossen in Mesopotamien und dem Industal.

Dieses früheste Erblühen einer Zivilisation wurde im Allgemeinen von der Menschheit vergessen, obwohl Hinweise darauf immer noch in Heiligen Inschriften, überlieferten Legenden und uralten Texten gefunden werden können. Der Garten Eden, Erzählungen über ein Goldenes Zeitalter und Platos Erzählungen über Atlantis könnten alle als Referenz für diese ursprüngliche Zivilisation dienen. Jetzt ist es an der Zeit, ihr Erbe anzutreten.

Werner Betz

Kräfte aus dem Nichts?

Geheimnisvolle Orte und rätselhafte Energien

ISBN 978-3-95652-056-3, Hardcover, Din A5, 206 Seiten, über 70 Farb-Abb.,
€ 19,50

Warum wurde die Kathedrale von Chartres genau an dem Platz erbaut, an dem sie heute steht und warum finden wir in der Bretagne kilometerlange Reihen von Menhiren, die einst unter großem Aufwand dort errichtet wurden? Wie entstand in einem Megalith-Bauwerk eine Temperatur von 2.000° C, so dass die Oberflächen der Steine verglasen konnten?

Bei diesem Buch handelt es sich um die Geschichte einer Entdeckung. Auf der Suche nach der Ursache der Kräfte, die an besonderen Orten wie Kultstätten oder Wallfahrtsorten wirken, haben Werner Betz und Sonja Ampssler Zusammenhänge aufgedeckt, die nahe legen, dass hier tatsächlich eine Energie im physikalischen Sinn im Spiel ist. Zu diesem Zweck haben sie eine Messmethode entwickelt, mit der sie nachweisen können, dass der Ausschlag einer Wünschelrute nichts mit „Esoterik" zu tun hat, sondern das Ergebnis einer messbaren Kraft ist. Die hierfür benötigten Hilfsmittel sind einfach zu beschaffen und das Verfahren kann von jedermann ohne großen Aufwand angewendet werden. Überraschungen erlebten die beiden auf ihren Reisen in Europa immer wieder vor allem in traditionsreichen Kirchen und Gebäuden, aber auch bei Menhiren, Dolmen und Megalith-Bauten. Damit können sie belegen, was bisher nur vermutet wurde, nämlich dass diese in einem unmittelbaren Zusammenhang mit einer Energie stehen, die von den Menschen vielleicht bald wirtschaftlich genutzt werden kann.

Der Weg zu dieser Erkenntnis war spannend und hat viele neuen Fragen aufgeworfen und einige davon sogar beantworten können. Alle Schauplätze, an denen die Autoren recherchiert haben, sind durch zahlreiche Fotos dokumentiert und anschaulich vorgestellt.

Was wussten unsere Vorfahren von Energien, die uns heute noch Rätsel aufgeben? Werner Betz und Sonja Ampssler hoffen, dass ihre Erkenntnisse einen Anstoß dafür geben, dass die Wissenschaftler diese Rätsel in absehbarer Zukunft lösen können und das Wissen unserer Ahnen neu entdecken.

Das eBook im Ancient Mail Verlag:

Ancient Booklet

Mit dem Ancient Booklet werden Fachartikel sowie vollständige Sachbücher, die bisher nicht mehr erhältlich waren, den Lesern wieder neu zugänglich gemacht. Darüber hinaus werden ständig neue, aktuelle Fachbeiträge und Buchauszüge angeboten.

Ancient Booklets sind erhältlich in den Shops von Amazon, Apple, Libreka, Ceebo, Weltbild und vielen weiteren Anbietern.

Unsere Geschichte ist voller Rätsel –

Wir wollen helfen, sie zu lösen !

Bücher und Informationen zu den Themenkreisen Archäologische Rätsel dieser Welt, Paläo-SETI, Grenzwissenschaften, Sagen und Mythen.

Fordern Sie einfach *kostenlose* weitere Informationen an – per Postkarte, Fax, Telefon oder eMail beim

Ancient Mail Verlag • Werner Betz
Europaring 57, D-64521 Groß-Gerau
Tel. 0 61 52 / 5 43 75, Fax 0 61 52 / 94 91 82
eMail: ancientmail@t-online.de
www.ancientmail.de